少年财智英雄榜样

ZIJI ZHUANQIAN MAI BAOMA DE
ZHONGXUESHENG

自己赚钱买宝马的中学生

戴尔（美国戴尔公司）

张丛富◎丛书主编　杨　倩◎编著

北京出版集团公司
北京教育出版社

图书在版编目(CIP)数据

自己赚钱买宝马的中学生——戴尔：美国戴尔公司
/杨倩编著. —北京：北京教育出版社,2012.3(2018年3月重印)
(少年财智英雄榜样/张丛富主编)
ISBN 978-7-5303-9758-9

Ⅰ.①自… Ⅱ.①杨… Ⅲ.①戴尔,M.—生平事迹—
少年读物 Ⅳ.①K837.126.16-49

中国版本图书馆 CIP 数据核字(2012)第 022760 号

少年财智英雄榜样
自己赚钱买宝马的中学生——戴尔：美国戴尔公司
ZIJI ZHUANQIAN MAI BAOMA DE ZHONGXUESHENG
张丛富 丛书主编
杨 倩 编著

*

北京出版集团公司
北京教育出版社 出版
(北京北三环中路6号)
邮政编码:100120

网 址:www.bph.com.cn
北京出版集团公司总发行
新 华 书 店 经 销
重庆重报印务有限公司印刷

*

700 毫米×1 000 毫米 16 开本 12.5 印张
2012 年 3 月第 1 版 2018 年 3 月第 4 次印刷
ISBN 978-7-5303-9758-9
定价:23.70 元

质量监督电话:010-58572342 010-58572393

序　言

　　当我们还在校园玩耍时，12 岁的他却凭借自己的智慧赚取了第一桶金，并为 DELL 帝国打下了基础。

　　人们看到戴尔公司的商标时，仔细琢磨就会发现 D 和 E 的神秘组合。对于戴尔商标 D 和 E 组合的内涵，一种解释认为是 DELL 的姓氏组合；另一种解释认为该组合蕴含着戴尔帝国的含义，即 DELL EMPIRE。本书更倾向于后者。经过研究，人们可以清楚地认识到戴尔公司的确已具备商业帝国的基本特点，这从其在 PC 行业过去 20 年的强势扩张中可以获得证明。众所周知，帝国思维的特征表现为两方面。一是形成针对同时代竞争对手的相对优势。这主要体现在人均效益指标、库存周期等方面，在 PC 行业内，没有企业能够和戴尔相抗衡。二是战略的扩张性。从 1984 年创立开始，戴尔公司一直在 PC 市场中开疆拓土，以 1 000 美元起家，到 2003 年成功地达到了 414 亿美元的销售额，不断地升级经营目标，不断地吸引更多的客户并占有较大的市场份额，特别是在新时期，戴尔已经确定冲击 600 亿美元的销售目标，这是谋求公司进一步升级的重要举措。从这个意义上讲，戴尔公司的帝国特征表露无遗。换句话说，从一开始，戴尔公司就产生了夺取全球 PC 产业领导地位的意图，只不过现在这种意图

1

表现得更为强烈。

支撑戴尔帝国崛起的因素有很多，有把握机遇的因素，有坚定不移地贯彻执行强化PC业务优势方面的因素，有资本市场支持的因素。但最基本的因素只有两个：一是戴尔精心打造直接销售模式，加强品牌的影响力；二是通过坚定不移地执行低价切入经营战略，在淘汰对手的同时，也为公司带来了一片新天地。通过打造戴尔模式的品牌优势和低价优势，戴尔成功地做大了戴尔公司，这促使戴尔公司能够在PC领域长驱直入。

戴尔公司很早就洞悉到直接模式的商业价值，因特网的出现则强化了其决心、耐心。通过绕开中间商，形成了以戴尔公司为一方，以其他竞争对手为一方的市场竞争格局，这使戴尔模式的影响力在世界范围内扩散开来。在20世纪90年代的很长时间里，戴尔模式的内涵主要体现在直接销售、摒弃存货及倾听顾客意见等方面；2000年以后，戴尔模式的内涵已升级到标准化、多元化、规模化等方面。戴尔公司利用直接模式所积累的客户关系优势，迅速整合供应商、员工及客户等资源，使自己获得了独一无二的供应链优势，并利用自身打造的低价优势来夺取市场，从台式机、笔记本、服务器到后来的打印机业务等，都是如此。

戴尔的一生是一个传奇，让我们一起去聆听他的传奇吧！

少年财智
英雄榜样

目录
CONTENTS

第六章　现实生活中真实的戴尔

第七章　戴尔公司的成功之道

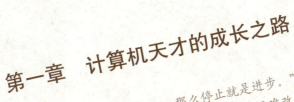

第一章　计算机天才的成长之路

"人生如果走错了方向，那么停止就是进步。"人，总是很难发现自己的错误。人，也总是很难改正自己的缺点。有时，明知错了，却欲罢不能而一错再错。只有把握正确的方向、坚持自己的原则，才能走向人生的成功之路。

迈克尔·戴尔的诞生

1965 年 2 月 23 日，在休斯敦的一家医院一个男婴诞生了，他就是后来荣登全球电脑市场占有率第一宝座的 Dell 公司的创办人、首席执行官——迈克尔·戴尔。

休斯敦（Houston）是美国第四大城市，是美国 NBA 球队——休斯敦火箭队的大本营，以生物、医学、海洋和太空研究而著称。150 多年前的休斯敦是卡伦卡娃印第安部落的居住地。1836 年，地产商艾伦兄弟购下 2 690 公顷土地开发建市，他们以当时得克萨斯共和国总统山姆·休斯敦的名字命名这座城市，休斯敦由此得名。1837 年—1840 年，休斯敦市曾为得克萨斯共和国的首都。休斯敦地区在 20 世纪初发现石油后，资本家蜂拥而至，休斯敦市的经济围绕石油工业迅速发展起来。1914 年，休斯敦市挖通了连接墨西哥湾的海运航道，建立了休斯敦港。20 世纪 40 年代，由于制药、医疗事业发展较快，休斯敦成立了日后极负盛名的医疗中心。第二次世界大战以后，休斯敦的石化工业、炼油工业沿海运航道两岸发展迅速。

　　戴尔的父亲是一名牙医，母亲是一位经纪人。他的父母利用职业之便结识了很多中上阶层人士，这使得戴尔拥有很多与那些人士接触的机会。从和那些人交往之中，戴尔接触了许多新鲜的东西，其中也包括电脑。在戴尔还是孩子的时候，他的父母就经常会在饭桌上谈论通货膨胀、石油危机之类的话题，这也使他从小就对生意场产生了浓厚的兴趣。

　　父母希望小戴尔以后能成为一名医生，在那时的美国，这是最正确不过的选择，也是一条光明大道。可是谁也没有想到，迈克尔·戴尔后来会有这样的成就:曾荣获《首席执行官》杂志 "2001 年度首席执行官"、《Pc Magazine》杂志 "年度风云人物"、《Inc》杂志 "年度企业家"、《金融世界》和《工业周刊》杂志 "年度首席执行官"、《Worth》杂志 "美国商界最佳首席执行官" 等荣誉称号。此外，在 1997 年、1998 年和 1999 年，戴尔都名列《商业周刊》评选的 "年度最佳 25 位经理人" 之中。海德里克（Heidrick）和斯卓格斯（Struggles）等知名高级经理人猎头公司也称戴尔为 "富有影响力的首席执行官"。自1992年戴尔公司进入《财富》杂志500强之列，戴尔就成为其中最年轻的首席执行官。自1995年起，戴尔公司一直名列《财富》杂志评选的"最受仰慕的公司"。2008年度《商业周刊》评选的全球最佳品牌100强排行榜上，戴尔处于第32位。

与"直接接触"的第一次"亲密接触"

迈克尔·戴尔12岁时，由于受朋友的父亲的影响，曾对集邮非常痴迷。为了储备集邮所需的资金，戴尔曾去离家两条街的中国餐厅洗碗，并把阅读有关邮票的报道当做是一种消遣。

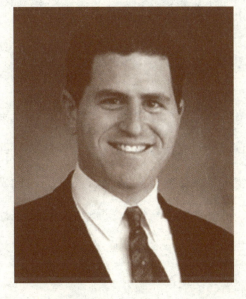

像戴尔家这样的家庭，对商业是很关注的。20世纪70年代，戴尔家的餐桌上讨论的全是联邦储备局总裁的决定以及对经济和通货膨胀率所产生的影响之类的话题，他们还经常讨论石油危机、

应该投资的公司、该买或该卖哪些股票之类的话题。那时，休斯敦的经济正处于大幅度增长的阶段，收藏品市场特别活跃，当戴尔读到或听到相关消息时，他能够很明显地看出邮票价值正在不断地攀升。生长在这种家庭里的孩子，理所当然地就把这当成了机会。

戴尔很想收购集邮散户手中的邮票，可是他知道，谁也不会把邮票轻易地转让给他。他和朋友曾在拍卖会上高价买了一些邮票，所以，他猜想拍卖人一定会从中赚到一笔不小的费用。于是，他的脑中闪现出这样一个念头：与其花钱去收购邮票，还不如自己弄个拍卖会，或许可以用这种方式挣到一笔钱，还可以知道更多关于邮票的事。也就是在这时，戴尔开始了他人生中的第一次生意冒险。

后来，戴尔还说服邻居把邮票委托给他，然后在专业刊物《林氏邮票》杂志上刊登"戴尔集邮社"的广告，他又亲自制作出12页的目录寄了出去。让他没想到的是，这次他竟赚到了2 000美元。这是迈克尔·戴尔第一次感受到"直接接触"的力量以及它所带来的收获，这样可以直接省去中间人的费用。同时他还领悟到，如果有了一个好主意，一定要马上采取行动。

由于在少年时戴尔就尝到了直接销售的甜头，所以，在以后的创业尝试中，戴尔始终都坚持这一模式，而且还发挥得淋漓尽致。

迈克尔·戴尔一直保持着一种对待财富的态度：利润是最直接明确的生意目标，核算是安全有力的手段。对待财富最健康的姿态就是"直接接触"！

事实证明，在多年后的今天，"直接接触"的生意模式确实给戴尔公司带来了丰厚的利润。

"直接模式" 的创建

就在戴尔举办邮票拍卖会的几年后，拍卖会这种"直接接触"的生意方式，让他逐渐发现并掌握了更棒的商机。正因为这些商机，戴尔赚到了更多的钱。最重要的是在这个过程中，戴尔将"直接接触"形成为一个模式，依循这种模式，直销的效率将得到较大幅度的提升。

戴尔 16 岁那年的夏天，他找到了一份负责争取《休斯敦邮报》订户的工作。报社交给业务人员一份由电话公司提供的电话用户名单，然后让他们打电话向顾客推销报纸。戴尔没有想到报社竟然借这种随机取样的方式来争取新的生意机会，这使他感到很惊讶。

值得庆幸的是，戴尔在拉顾客时，很快就从他们的谈话与反应中注意到了一个信息：有两种人一般会愿意订阅邮报，一种是刚刚结过婚的人，另一种则是刚搬进新房子的人。戴尔开始想这个问题：

"如何才能快速找到那些刚搬进新房或刚结过婚的人呢?"这是一件令他十分头痛的事情。

通过一段时间的调查了解之后,戴尔得知:那些要结婚的情侣们,一定会到地方法院申请结婚证书,同时还需要提供地址,这样法院就可以通过地址把结婚证寄到他们手里。这项资料在得克萨斯州是公开的,于是戴尔就雇用了几个高中的好友,分别前去休斯敦地区16个地方法院搜集那些新人的姓名和地址。

接下来,戴尔又发现:有些房地产公司通常会整理出贷款申请者的名单,名单是按照贷款额度排列顺序的,因此找到那些贷款额度较高的人很容易,这些人被戴尔定位为高潜力顾客群。于是,戴尔把目光锁定在了那些人身上,并给他们每人寄了一封信,信的开头都是此人的姓名,信上提供的是需要订阅报纸的相关资料。

开学之后,戴尔依然利用课余时间继续处理他的工作。最终,戴尔费尽千辛万苦创造出的这个赚钱系统,使他又争取到了数千名订户。

有一天,教戴尔历史和经济学的老师布置了一份作业:要求他们整理自己的报税资料。戴尔在那一年销售报纸的所得是18 000美元。开始老师以为是戴尔弄错了小数点的位置;后来,当这位老师得知戴尔的确没有弄错时,她感到很沮丧,因为戴尔那年赚的钱居然高出了她的年收入。

这一次的成功不仅使戴尔有能力购买更多的计算机，而且启发他创造出了优秀的市场细分战略。卖报纸的收益使戴尔拥有了苹果电脑，后来，他又迅速将兴趣转移到电脑背后的商机。

首次引进 "直接模式"

对于把直销与电脑结合起来，戴尔说那是一次 "邂逅"。

当戴尔以 "直接接触" 的方式将《休斯敦邮报》的征订业务进行得红红火火时，他又有了新的兴趣：电脑。戴尔为什么会产生这个兴趣？这还得追溯到他小的时候。从七岁那年父母给他买了第一台计算机开始，戴尔就已对这种可以计算东西的机器有了浓厚的兴趣。

戴尔进入中学后，被编入了数学实验班。不仅如此，由于对数学的喜爱他还参加了 "数字概念社"，社团里的每位成员都可以用心算来计算复杂的数学题，并且社团还经常举办各类数学竞赛。他们的教练是一位叫达比的数学老师，他在学校设置了第一台电传打字终端机。有兴趣的同学可以在放学之后留下来，动手玩这部机器；也可以写些程式或输入方程式，而后便会得到解答。这台现在说来已跟不上时代的机器却给戴尔留下了深刻的印象，他说："这是我看过的最神奇的事物。"

此后，戴尔经常在一家名叫"无线电屋"的电器专卖店前徘徊。后来，戴尔开始自己存钱买电脑。苹果电脑面市后，较短时间内就成为受美国人欢迎的个人电脑。当时的苹果电脑拥有很多硬件，特别是苹果二号电脑，戴尔称其为最棒的电脑。它的每个电路都安装在特定的晶片上，使用者可以轻易打开电脑主机外壳，了解电脑的具体运作方式。

后来，一些行业杂志开始定期报道苹果电脑的最新零件，半导体制造公司也针对他们生产的晶片而出版手册进行详细的解释。戴尔曾无意中在一本杂志里读到了一篇介绍第一部 Shugart5 寸软碟机的文章，他觉得这东西酷毙了。

为了能独自拥有一台苹果电脑，戴尔开始整天缠着父母。直到戴尔 15 岁时，他的这个梦想终于实现了。由于戴尔在等待送电脑的过程中太着急了，他父亲只好开着车带着戴尔亲自到附近的电器专卖店以最快的速度拿回电脑。

当父亲刚把车倒进车库时，戴尔就迫不及待地跳下车，把这个珍贵的礼物搬进了自己的房间，而这台可怜的新电脑却被戴尔在几分钟之内动了"手术"。父母看到后气坏了，因为当时苹果电脑特别昂贵，他们以为儿子把电脑给毁坏了。戴尔却解释道："我只不过是想拆开看看，它究竟是怎样运作的。"

就如同邮票事件一样，戴尔开始痴迷于电脑所带来的商机。为了尽量收集有关个人电脑的知识，戴尔又购买了所有可以加强个人电脑功能的配件，例如更多的磁碟机、记忆体，更大的显示屏以及更快的数据机等。就像有些人通过改装来加强机器的马力一样，戴尔试图改装个人电脑。他把电脑改装好然后卖掉，以此获取了大量利润，然后再改装另一台电脑。就这样，过了一段时间之后，戴尔开始向批发商购买大量零件，以降低成本。

戴尔的这一行动把母亲吓坏了，母亲除了抱怨他的房间像个修理厂以外，还惊讶地说："老天，他把这玩意儿弄坏，居然还能卖到这么高的价钱！"

好运总是会降临在那些有准备的人身上。1982年6月，位于休斯敦的阿斯特丹馆举行全美电脑大型展览。那个星期，戴尔没有去上课而是去参观了电脑展，这次的展览让他大开眼界。

虽然戴尔在电脑房里花费了很多时间，也和零件批发商打过很多交道，但他并不算真正地接触过电脑行业。电脑展展示了整个电脑行业最新的电脑标准，而且还给人们展示了即将上市的最新科技产品。在这次展览上，戴尔看到了第一个 5MB 的硬碟。

戴尔依然清楚地记得，当他走到一家叫 Seagate 的公司展位前，询问一个硬碟要多少钱时，他们却反问戴尔："你是 OEM 工厂的吗?"

当时的戴尔根本不知道 OEM 是什么东西。电脑这一行业，他才刚刚入门。

一段时间之后，戴尔终于存够了钱，买了一个硬碟，用它来架设一个 BBS，方便与其他对电脑有兴趣的人交换信息。在和别人比较了若干个人电脑的资料之后，他发现电脑的售价要比成本高出许多倍。

一台 IBM 的个人电脑售价一般是 3 000 美元，但是它的零组件也许只需 600~700 美元，而且还并非是 IBM 的技术。

一方面，戴尔曾把电脑解体、升级过，他很想知道零组件的制造商到底是谁，这些零组件合理而准确的售价又该是多少。

另一方面，许多对个人电脑没什么概念的人，由于觉得电脑是赚钱的物品，便都跑来卖电脑，于是在休斯敦地区一时之间忽然冒出了上百家电脑销售商店。这些经销商往往以 2 000 美元的成本买进一部 IBM 个人电脑，转手就以 3 000 美元的价格卖出去，这样就可以从中赚取 1 000 美元的利润。而且，他们只给顾客提供很少的售后服务，有些甚至没有售后服务。

于是，戴尔加快了他的改装步伐。他买进和市面上那些机器一模一样的零组件，随后把这些电脑进行进一步的升级，再卖给认识的人。戴尔很清楚，他的优势不单单是在价格上，更是在品质上，如果他的销售量再多一些，就能够与其他的电脑销售商店进行竞争。

少年戴尔的"好主意"

创业最怕的就是没信心、野心。正所谓"没有做不到，只有想不到"，好的想法是需要实践印证的，只有付出行动，才能知道想法是否可行。所以，当你一旦有了自己的想法时，首先要对自己作出肯定，勇于付出，那样才有机会获得意想不到的收获。

戴尔喜欢说这样一句话："如果你有一个好主意，就试一试！"

1977 年的一个周末，12 岁的迈克尔·戴尔跟家人坐船到墨西哥湾海滨垂钓。在那纬度较低、常年无冬、温度适宜的巴拿马城（美国佛罗里达州的旅游城市），他们在朋友的邀约下趁着周末出海钓鱼。

与众不同的戴尔携带了许多丝网片，他说，这是他的一个"新主意"。

中午 12 点，他们准时出发。一路上的海景赏心悦目，经过的每一个小岛无不有白色沙滩围绕，沙滩往外就是由翠绿逐渐变为深蓝的海水。每一片沙滩都是一个很好的海滨浴场。海上不时还有小游艇和摩托艇经过，据说当地不少人都有自家的游艇，周末时经常出海兜风。船开了 20 多分钟后，墨西哥城已远在天际线，周围也没有了穿梭的游艇，水越来越深了。

船上的伙计开始切鱼饵了，所谓的鱼饵其实就是把鱿鱼切成小块，闻起来腥味十足。然后，每人取一根鱼竿，放上鱼饵开始钓鱼。他们的鱼钩很大，戴尔的妈妈说这是为钓大鱼准备的。鱼竿上都带有线轮，线上没有钓淡水鱼时必备的浮标，却有一个很大的铅块，有二两多重，以保证可以把鱼钩带到水的深处。

当戴尔的父母和两个哥哥安闲地握着钓竿，等鱼儿上钩时，戴尔却在费劲地摆弄一副能挂上许多鱼钩的迷宫似的渔具。"你在浪费时间，戴尔。"他们都对他嚷嚷，因为当他们已经钓上一条又一条鱼时，戴尔还是两手空空。

"快用钓竿和我们一起钓吧，瞧，我们好开心。"戴尔的家人这样说着，但戴尔却充耳不闻，继续顽强地对付着缠成一团的渔具，就像和风车搏斗的堂·吉诃德。中午时分，戴尔总算理出了头绪，其他人却已经准备收竿进行野餐了。小戴尔颇为自信地把整理好的渔网投进深水里（这些渔网上挂有 100 多个大小不同的鱼钩），并把连接渔网的长竿牢牢地固定在岸上。

整个午餐时间，大家都拿他打趣。大家说，戴尔大概要空手而归了。但后来等他拉上渔具一看，上钩的鱼儿数量却比其他所有人钓到的鱼加起来的总数还多！

思想决定行为，行为决定习惯，习惯决定性格，性格决定命运。正是戴尔的这种思想决定了他后来的伟大成就。

"好主意"在任何时候都能够使我们在成功的道路上跑得更快。当你拥有一个好主意时，请勇敢地去实施，也许会有意想不到的收获。

第二章　高中就开始创业的迈克尔·戴尔

想要人生辉煌，那就不要忘记梦想。昏暗的路，不能没有亮光；汪洋中的扁舟，不能失去前进的航向；荒漠里的旅人，不能丢掉生存的期望。让我们踏着前人的脚印，追随梦想的方向，那里有你对未来的渴望。

我想跟 IBM 竞争

戴尔的父母希望戴尔能像他哥哥一样，进得克萨斯州大学奥斯汀分校的医学院读书，将来成为一位令人尊敬的大夫。戴尔只好按照父母的期望去做，可是如果仅仅只是这样，今天可能就没有人尽皆知的戴尔了。戴尔开着他用卖报纸赚来的白色宝马车去学校的那天，后座载着 3 台电脑。

戴尔严肃地看待上大学这件事，他不仅认真上课，而且还坚持按时完成作业。成为公司老板之后，他依然说："我从不鼓励现在的年轻人放弃受教育的机会，只不过对我来说，把从医的生活和想做生意的念头混在一块，显得实在是太荒唐了。但是，那时候想做生意的念头已经充满我的脑袋，而且当时又有一个非常成熟而且明显的机会摆在眼前，这是我不可能放弃的。"

戴尔当时确实已经有了创业的念头，他想拥有自己的公司，或者说是自己的事业。在大学时，戴尔是校园中的异类，人们经常会好奇地看到他一只手拿课本，另一只手拿一堆记忆体晶片在校园里行走。戴尔照常去上课，可是一下课他就会回到宿舍进行他的电脑组装升级。慢慢地，戴尔的这种行为在学校传开了，就连当时学校附近的一些律师和医生也闻讯而来，把电脑拿到戴尔的宿舍请他重新组装和升级。

不久之后，戴尔觉得自己可以开一间铺面，公开接活。在宿舍里靠口碑相传毕竟限制了生意的规模，假如有公开的铺面，将会更快地传播自己的声誉，也会带来更大的收益。因此，戴尔想到了注册一家公司。

可是，开公司要与政府签订一个利润合同，由于当时得克萨斯州政府设有公开招标的机构，任何厂商都可以参加竞标，谁能为政府带来更大的好处，谁就能争取到州政府的合约。于是，戴尔去申请了一张营业执照参加竞标。由于戴尔只是对机器进行组装，需要的零配件都是从市面批发过来的，这样，就可以用比别人低很多的价格去采购功能更高的机型。因此，戴尔在竞标中屡屡得胜。

1983年11月，戴尔18岁。父母听说他的成绩一直下降，便悄悄乘飞机来奥斯汀看望儿子。他们抵达奥斯汀机场时才给戴尔打了电话，戴尔大吃一惊，赶紧把所有的电脑都藏到室友的浴帘后面。尽管戴尔努力地把这些东西藏好了，可是，他的宿舍里依然没有一点可以显示他在读书的迹象。父亲严肃地对戴尔说："你不可以再搞你的那些东西了，好好专心于学业吧。你要清楚事情的轻重缓急，将来你想怎么生活？"

戴尔却说："我想跟IBM竞争。"

戴尔的父亲并不喜欢听到这样的答案。为了安抚父母，戴尔只好违心地答应不再搞"那些有关电脑的东西"。他确实安安分分上了三个星期的课，可是电脑的影子一直在他的脑中挥之不去。一段时间之后，戴尔终于明白，他对电脑的痴迷不只是一个嗜好，也不只是3分钟热度，他现在已经掌握了绝佳的生意机会，绝不能让它溜走。电脑这个工具，正在极大地改变着人们的工作方式，而且成本在逐渐降低。戴尔想：如果能把这种原本只掌握在少数人手中的工具转变成每个企业、个人都可以拥有的东西，那么，它就可以变成20世纪最重要的信息传播工具，甚至开创新的信息时代。

虽然戴尔年仅18岁，还不能断定这个机会到底有多大，也不能确定科技能发展到怎样的程度，但是，戴尔看到了一种可能，他强烈地感觉到，此时的自己正投身于一件重要的事情中。在当时，他不懂的事情远远多于已知的事情，比如说，进入这个正在快速成长的产业会遇到什么障碍？这个行业的市场成长速度有多快？要将少数人掌握的工具变成大众工具，需要多少资金？如何筹措资金？戴尔虽然很迷惘，可是有件事他很清楚，那就是"我真的很想做出比IBM更好的电脑，并且凭借直接销售来为顾客提供更好的价值及服务，成为这一行的佼佼者"。

戴尔从来没有向任何人提及自己的这种想法，连他的父母也不例外。对他来说，机会就在眼前、就在现在，有可能转瞬即逝，而现在却是一个最佳的时机。

戴尔公司的成立

　　拥有了梦想，就应
该迅速去行动，坐在原
地等待机遇，无异于盼
着天上掉馅饼。有的人
确定好了目标以后，由
于前怕狼后怕虎，裹足
不前，导致机遇从身边
溜走，白白浪费了光阴。

　　大学的初涉商海，使戴尔不仅获得了信心，还拥有了一笔巨大的积
蓄。大学第一学年结束的时候，戴尔打算退学，可是这个决定遭到了父母
的坚决反对。为了打破这个僵局，戴尔提出了一个解决问题的方案，假如
那个暑假的销售额达不到让人满意的结果，他就继续他的学业。他的建议
被父母接受了，因为戴尔的父母认为戴尔根本无法取得这场战斗的胜利。
他们错了，对于戴尔的表现，他的父母无话可说。因为仅仅第一个月，公
司就卖出了价值 18 万美元的改装 PC 电脑。

　　戴尔拿出全部积蓄创办了戴尔电脑公司。戴尔公司专门直销经
他改装的 IBM 个人电脑，很快，戴尔公司的年营业额就达到了 7 000
万美元。后来，戴尔公司停止出售改装电脑，转为自行设计、生产

和销售自主品牌的电脑。

戴尔发现这是以"直接接触"的方式为更多用户提供电脑科技产品的绝好机会，这也就是后来戴尔电脑公司的核心和他们一贯坚持的服务原则。

电脑产业一直以来都是由制造商生产电脑，然后配销给经销商和零售商，最后再由他们卖给企业和个人消费者。在早期，像苹果电脑和 IBM 这类公司，都是通过电脑经销商来销售产品。之所以要有这样的中间环节，是因为他们需要以这种方式来完成全国性的销售。IBM 在最初推出 IBM 个人电脑的时候，虽然本身已经具有全球最严谨和最完整的销售组织，但 IBM 还是选择中间经销商来销售他们的产品。戴尔却认为，这只是心理定式在作怪。由于当时所有电脑界的大腕们都倾向于通过经销商的方式来销售，所以大家都相信这种间接的销售渠道是正确的。

戴尔在自己的"直接接触"实践中还发现，这个间接的路径是建立在完全不知情的买方和不具备相关知识的零售商两者的结合之上。他很清楚，这样的结合不可能持久。戴尔可以说是跟电脑一块长大的，在高中的时候，他所写的每一份报告都是用电脑来完成的，电脑早已经跟他的生活密不可分了。所以他认为以后的每个企业、每所学校或每一个人都会依赖电脑。

早在 1984 年，戴尔就已经预测到："10 年后，世界上会有千百万名拥有电脑知识的个人电脑使用者。"

当时，戴尔就已经察觉到电脑行业是个庞大的市场，由于他自己是电脑使用者，加上他与顾客的互动沟通，所以他的经验很丰富，他知道顾客会具备越来越多的电脑知识，而且还会有更高的要求，所以，会有更多人看到"中间环节"的价格空间，他们肯定也会用尽所有办法来甩开这个"中间环节"，而最好的办法就是自己或者请人重新组装一台世界上独一无二的好电脑。反正，到处都有所需要的电脑零配件出售，那为什么不可以对电脑进行大规模的组装呢？这样做由于零配件可以批发，而且还可以跟电脑生产商合作，那价格就可以更加低廉。可是，组装是为了使个人电脑比电脑生产商批量生产的电脑更好地升级，价格更低廉，所以除了以组装的方式来降低价格外，销售方式也显得更为关键。

戴尔发展事业，其实只是在回答一个简单的问题，那就是：怎样才能改进购买电脑的过程？答案就是：只要把电脑直接销售到使用者手上，去除零售商的利润抽取环节，这就相当于为消费者省了一笔钱。

在戴尔创业15年之后，戴尔公司已经享誉全球。今天，依然还有人说"直接接触"也就是直销模式是行不通的。于是戴尔说："当某人告诉你有些事情行不通时，你最好不要问，更不要听。我从来不寻求别人的许可或同意，只管自己放手去做。"

抓住"IBM 的灰市"时机

当周围的人对电脑产生的兴趣愈来愈浓厚，并想要购买功能更好的个人电脑时，当时世界上最大的电脑制造商 IBM 却并没有生产出他们想要的产品。

此外，电脑产销过程上的怪圈致使市场严重地供需失调。例如，经销商订购了 100 部电脑，也许只会收到 10 部。这样的话，为了得到所需货品数量，到下次时他会改订 1 000 部，可是结果却收到 633 部，而他其实只需要 100 部，所以经销商很可能会因没有办法负担这些额外库存而陷入窘境。因此结果常常是，他们以低于成本价许多的价格进行抛售，日久天长，就形成了大家知道的"IBM 的灰市"。此时，戴尔就买进这些削价出售的电脑，加上磁碟机和记忆体对其进行升级，然后再次出售赚取利润。

尽管这是不错的生意，可是，戴尔和他的伙伴们却逐渐发现，假如能够制造出自己的电脑，一定可以掌握更大的机会。

有一天，戴尔看一本电子杂志，偶然读到一篇坎贝尔的有关电

脑晶片组的文章。在文章中坎贝尔提出这样的建议，把英特尔 286
微处理器的个人电脑所需的 200 个晶片，组合成只有五六个应用特
定整合电路（ASIC）的晶片。看完此文后，戴尔认为这个提议不但
可以简化个人电脑的设计，也让他们几名在这方面精通的工程师以
几个晶片组为起点，开始制造自己的电脑成为可能。尽管这其中的
过程比他们想象的要复杂许多，但晶片组的出现还是让戴尔公司减
少了进入电脑业的困难。

戴尔马上和坎贝尔取得了联系，并且拿到三四个晶片组，他把
这些东西放在自己的桌子上，提醒自己，一定要想出使用这些东西
的方法。随后，他又联系上了英特尔的业务人员，就这一问题请教
他们："这个地区有谁懂得设计 286 电脑？"

当时，戴尔除了得到六七个工程师的名字，还得到了几个以小
组方式工作的团体。戴尔一一打电话，表明他希望和他们合作设计
个人电脑，同时也咨询了费用、时间还有风险等问题。

其中有一名叫杰·贝尔的工程师答复说："我可以在一个星期到
10 天的时间内干好这件事，收费 2 000 美元。"

听完此言，戴尔立即表示同意，并提前支付了 1 000 美元。

事实上戴尔的做法是对的。杰·贝尔确实完成了他们的第一部
286 电脑，这令戴尔欣喜至极。

1987 年 10 月，戴尔凭借过人的胆量和敏锐的观察力，在股市暴
跌的情况之下毅然大量吃进高盛的股票，后来获利 1 800 万美元。
就在那一年的 3 月，年仅 22 岁的戴尔被美国学院企业家协会评为

"1986 年度青年企业家"。

不是每个亿万富翁都可以在大学寝室靠卖电脑配件、组装电脑起家的，但迈克尔·戴尔做到了。现在，他经营的是全世界最大的专门提供电脑产品和服务的公司之一，他是 1992 年度世界 500 强企业领袖中最年轻的 CEO。他打破零售领域的一贯做法，通过对顾客进行电脑的预订，彻底改革了一个行业，而且还给出了可供支持的商业链条。

一直以来，迈克尔·戴尔靠着这样的信念来掌控公司：如果社会现状不够理想的话，就要为下一次的成功而努力去奋斗，使公司生存下去，并具有震撼力。

第三章　不断发展中的戴尔公司

戴尔在创业初期获得成功后，抓住有利的时机迅速扩展业务，利用其独特的销售方式将电脑销售业务扩展到全球，并且取得了很大的成功。戴尔品牌得到了更多人的认可，戴尔公司也由此获得了更大的经济效益和社会效益。当然，这种成功不仅来自于戴尔公司可靠的产品质量，还来自于规范的管理。

戴尔公司业务的快速发展

　　戴尔公司的业务增
长飞速，随着设备、电
话系统、组织架构等扩
充的需要，戴尔的办公
室面积几个月就从
1 000 平方英尺发展到
2 350 平 方 英 尺， 再 到
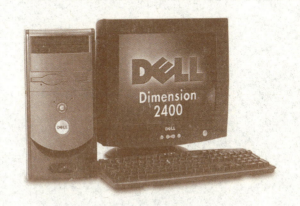
7 200 平方英尺；1985 年，连 30 000 平方英尺的建筑物也依然不能
满足需求，充分显示出戴尔公司迅速发展的势头。

　　戴尔公司成立之初就以非常务实的方式运作。戴尔常问员工：
"完成这件事情最有效率的方式是什么？"戴尔公司杜绝了所有产生
官僚体制的可能性，这种作法也提供了许多学习的机会。比如说，
戴尔规定，销售人员必须装设好自己的电脑。这不仅让员工们感受
到没受过电脑教育的顾客在装设系统时会遭遇的问题，也让销售人
员对自己所销售的产品有更切身的认识，从而帮助顾客在获得相关
信息的情况下决定要购买的产品，协助顾客解决设备问题。这就奠
定了戴尔公司服务卓越的名声，保持了竞争的优势。假如生产线的
工作过量，工程师也得进厂帮忙；如果电话系统忙不过来，所有人

都得帮忙。戴尔公司的每个人，都觉得自己所做的事情与众不同，所从事的是一件特殊的工作。这是戴尔文化一以贯之的基础，而且许多都是在初期形成的。

在发展初期，公司处在风险颇高的阶段，所以戴尔会甄选具有高度冒险性格并且变通能力强的人。在财务、信息技术、制造等方面，公司聘请专业人士负责；不过在其他领域的人事聘用上，有比较自由的空间。戴尔曾坐在地板上筛选叠好的履历表，像是在发扑克牌。戴尔公司从地区性的公司和竞争者手上挖走了许多人，更是特别留意那些想在本地工作的得克萨斯州的大学毕业生。戴尔坚信，如果聘用了好的员工，他们在有所作为后会带来更多优秀的人才。

沃克是身兼其他几家公司高级执行主管的大胆资本家。1986 年他被戴尔聘请为公司总经理，是戴尔公司有史以来延聘的第一个重要管理阶层人士。新上任的沃克使戴尔公司在 18 个小时之内就拿到了不错的信用记录。1988 年公司股票公开上市时，沃克对董事会的形成也贡献良多。

科兹梅斯基和英曼是住在奥斯汀的背景显赫的电脑业人士。在拟定理想的董事时，沃克和戴尔分头说服了他们，使他们欣然加入董事会，这大幅度提升了戴尔公司的商誉，科兹梅斯基和英曼还提出了若干明智的建议和有价值的意见，他们一起造就了今天的戴尔公司。

戴尔公司始终采取直接销售的方式，顾客群包括《财富》五百强中的四百家公司。

　　戴尔公司从设计、制造到销售的整个运营过程，都以聆听顾客意见、推出顾客所需、反映顾客问题为宗旨，与顾客建立直接关系。从电话拜访开始，接着是面对面的互访，到现在借助于网络沟通，这些做法让戴尔公司可以得知顾客的反应，及时获知他们对于产品、服务和市场上其他产品的建议，并知道他们希望电脑公司开发怎样的新产品。

　　顾客在组装产品之前，就已经明确表达了自己的需求，因此戴尔在接到订单、完成产品制造之前就已经知道了顾客想要的产品类型。

　　其他公司必须预估何种配置最受欢迎，但戴尔公司的顾客却直接告诉公司，他们要的是一个软盘驱动器还是两个，或是一个软驱加一个硬驱，戴尔公司总是为他们量身定做。

　　由于戴尔公司只在顾客需要的时候才生产他们想要的产品，所以没有占据空间、耗费资金的库存品，没有必要维持高库存量。由于不必在经销商和相关库存上额外花钱，所以戴尔可以获得更高的利润，扩展也更加快速。每增加一个客人，戴尔公司便更加了解顾客对产品和服务的需求，逐渐形成良性的循环。这种良性循环，使戴尔公司从直接模式中得到了越来越多的生产力优势。

　　戴尔公司很快了解到，把产品卖给大企业与卖给一般消费者是截然不同的事。因此戴尔聘用了曾经任职于大企业的人员来销售，其他的销售人员则负责将产品销售给联邦政府、州政府、教育机构、小公司或一般消费者。

这样的架构对于销售大有好处，因为销售人员都是专业人才，他们不必搞懂多家不同制造商所生产的多种不同产品的全部细节，也不必记住每位顾客在产品上的所有偏好。这样一来，不但销售人员轻松许多，对顾客也有好处。由于顾客有特定的销售人员直接处理他们的问题及偏好，有助于完善他们与戴尔公司合作的整体性。

为了让顾客明确自己能从使用直接销售方式的公司身上得到什么好处，他们让潜在的顾客掏出 4 000 美元交给没有实体店面的公司，戴尔在广告上提出了产品 30 天内退款的保证。这一保证，不仅去除了顾客的忧虑，而且让戴尔公司赢得了"可靠"的美名。

戴尔与供应商也建立了非常密切的关系，及时解决零部件不相容的问题，保证品质。戴尔公司还投注了更多的资源，设计出能与 IBM 电脑相容的个人电脑，并且采用了品质最好的零部件。

1986 年春天，戴尔公司首次参加了 Comdex 电脑展，这让一般只有电脑经销商和零售商参展的 Comdex 电脑展显出非同一般的意义。

戴尔公司的展示区以泡沫塑料做出一面砖墙，而 12 MHz 的电脑破墙而出，象征戴尔公司突破了 12 MHz 的障碍。展览开始没多久，戴尔公司展位前的人就排成了两列长龙：一排是媒体，他们不约而同地搔头苦思，观察是否有人要买速度这么快的电脑；另一排人则全部对这种高效能机器的概念很感兴趣，想知道怎么样才买得到。在这次电脑展中，戴尔公司体会到产品功能和上市时间的重要性。

随着媒体的关注以及其自身保持的成长冲力，戴尔电脑赢得了表现优良的美名，公司也开始在品质、服务项目、支援上得到五星级的评价，终于跻身美国名企之列。在这一年，戴尔公司的营业额已突破 6 000 万美元。

戴尔公司的全球性拓展

戴尔公司把业务拓展到美国以外国家的想法，并不是贸然决定的。他们仔细地考察了德国、法国、加拿大、英国、日本等市场，经过综合考虑，最终决定首先拓展英国市场。因为通过考察，戴尔发现了一个重要信息：英国有很多人想买电脑，但没有让人满意的产品和服务。

1987 年 6 月，戴尔公司英国分公司成立，参加公司成立记者会的 22 个记者当中，有 21 个预测戴尔公司会失败。他们认为，直接销售模式是美式概念，在英国没有人会直接向制造商买电脑。他们宣称，这是很不高明的想法。可是戴尔公司从第一天开始效益就非常好，现在，英国戴尔公司每年都有将近 20 亿美元的营业额。

在接下来的十多年里，戴尔成功地完成了西欧和中欧地区的市场拓展工作，并在三十多个国家开设了分公司。

为了确保拓展顺利，戴尔公司进行了一些本土化的改革。而且从文化差异的角度来看，小幅度的调整让戴尔公司在不改变商业策略的情况下，可以更好地适应文化差异。

在某些国家，由于当地管理人员对戴尔公司的核心战略一知半解，试图建立并非直接商业模式的混合模式，非但没有成功，而且阻碍了戴尔公司日后在那些市场上的前进步伐。戴尔公司立即纠正了这些错误，并由此总结出一条经验："相信自己。如果你真有非常强势的概念，就不要管那些扯你后腿的人，改聘那些能接纳你前景的人。"

随着业务的不断拓展，戴尔需要越来越多的资本让公司成长，需要资金支持将会扩大应收的账款。戴尔花了较长时间仔细审核许多投资公司，最后选定了高盛。高盛建议戴尔暂时不要公开上市，要考虑先发放股权给一些小投资者，等公司面临挑战时再上市。戴尔公司在 1987 年 7 月刊登私人股权配置的备忘录，概述了戴尔公司在这 3 年内的成就。备忘录的内容如下："戴尔电脑公司针对技术先进的 IBM 相容个人电脑，从事设计、研发、行销、制造、支援和服务的工作，其产品目前以'个人电脑有限公司'的品牌直接销售给使用者。公司主要顾客为中小型企业及个人，以及少数的跨国企业、政府部门、学术机构等。戴尔公司自 1984 年成立以来，以最初区区 1 000 美元的资本基础，销售出价值超过 1.6 亿美元的电脑和相关设备。公司自创立以来，每一季都有盈余，业绩蒸蒸日上。戴尔公司将有能力制造出与 IBM 公认标准相容的高品质产品。"

　　戴尔公司的产品经常被《PC世界》和《PC杂志》等知名杂志列为头等产品。"戴尔公司平均每天接到1 400个电话，能从顾客身上及时得到有关产品和服务需求的意见，获悉他们对市面上各种产品的看法及对公司广告的反应。这些意见让公司在为符合顾客的需求而制订产品供应和沟通计划时，能拥有更多的竞争优势。采取直接行销，也可以杜绝经销商额外加收25%到45%的费用，因此公司的产品能以更强势的方式定价。除此之外，戴尔公司的行销策略能让公司的专业员工来销售公司生产的产品，而他们所受的训练便正是专门为了销售戴尔公司的产品。"比如戴尔的订购预约金是2 300万美元，在几天后结束交易时，实际金额是2 100万美元，为顾客节省了200万美元。

　　1988年6月，戴尔筹资3 000万美元公开上市。此时公司市值约8 500万美元，销售额达到5 900万美元，雇用了650名员工。从一个想法、1 000美元和一间大学宿舍，戴尔公司仅用3年时间就取得了辉煌的成就。

　　在发展中，戴尔公司找到了自己的核心优势。早在公司成立之初，戴尔公司就确定，要以绝佳的产品及服务来赢得声誉。戴尔认为，把生意纯粹建立在成本与价格之上，不是永久的优势，迟早会有人推出价格更低、制造成本更低的产品。对公司未来的发展真正重要的是保持顾客和员工的忠诚度，而这唯有拥有最高水准的服务和最佳表现的产品才能达到。在了解如何能提高顾客满意程度的问题上，戴尔公司投入了很大的心力，无论是答复电话还是面对顾客

的当面咨询，戴尔都动员全公司上下共同来了解并满足顾客的需求，
这成为公司管理、培训和教育员工的一个重点。

"奥林匹克"计划的失败

企业的发展道路并非总是一帆风
顺的，戴尔也不例外。1989 年，戴
尔计划推出名为"奥林匹克"的系列
产品，意欲表达其庞大规模的含义。
这个计划将产品线扩及台式电脑、工
作站和服务器，是所谓"一网打尽"
式的产品，预期其能够从事所有工
作。这是一项野心勃勃的计划，也是
戴尔公司首次进行的真正大型的发展
项目。如果计划顺利实施，公司就可
以创造出空前广泛的产品线，从而在产业版图上占得一席之地，并
可加速成长。但是当戴尔开始向顾客介绍计划中自认为最炫目的特
点时，顾客并不是很感兴趣。1989 年 11 月 Comdex 年度展会上，戴
尔公司继续展出"奥林匹克"系列中的产品，可是顾客对此并没有
什么热情，他们认为并不需要那么多的技术。

以技术层面而言，这个产品线是一个堪称伟大的创意，正如日

后发展起来的将绘图和磁盘技术相结合并加以运用的成功创意。然而，戴尔公司那时无法说服顾客去买他们不想要的产品，因此，戴尔公司取消了"奥林匹克"产品系列的上市计划。

戴尔从这次失败中总结出了两个很有价值的教训：一是无论在哪一个产业，都应及早找出潜在的问题，尽快修正；二是应让顾客参与企业发展，他们的意见是最值得参考的，要尽早听、仔细听。同时，戴尔也认识到，"霹雳式产品开发"并不是目前应涉入的领域；增强改进每一条产品线更适合戴尔公司，不仅可以突出优势，也能降低风险。

"奥林匹克"的失败的确让戴尔公司重新修正了研发方向。这个产业的传统方式是：先建立起某产品，就会有人前来捧场。但戴尔公司一直把眼光放在顾客身上，针对他们真正的需求和意见来设计产品。戴尔公司开始思考并讨论"相关科技"这个概念，用这个词汇来形容那些对顾客比较重要的功能。除此之外，谨慎奉行"购买加制造"的许多原则。

有道是"祸兮，福之所倚"，"奥林匹克"计划虽然失败了，但"奥林匹克"方案让戴尔公司在科技和产品开发方面积累了足够的资源。在把研发组织的重点转移到相关科技，并决定了不必自己制造之后，戴尔公司在接下来的几年里推出了一系列极富想象力的优良产品，使戴尔公司有较快的成长。事实上，在放弃"奥林匹克"计划的几个月之后，戴尔公司就推出了一项公司最大的单项产品计划。这项新计划包括了戴尔公司第一个同品质的立体式系统及先进的储存装置选择，两者都是在"奥林匹克"计划的过程中研发出来的配合科技。

锂电池——突破性的科技

锂电池是一种新产品，与传统镍氢电池相比，在电力与重量方面优势更大。1993年1月，在戴尔公司日本分公司与索尼公司的人员会晤中，戴尔提出使用锂电池。索尼对于戴尔

公司所需要的电池组的数量没有任何设计经验，且也从未制造过戴尔想要型号的电池，但索尼认定，笔记本电脑是他们进入新市场的绝佳机会。

决定采用锂电池是一个艰难的决定，那时候，锂电池是一种新的科技，因此也具有一定的风险。由于戴尔公司的系统不能同时支持锂电池和镍氢电池，所以必须在两种电池之间作出一个抉择。虽然索尼方面对于戴尔公司不断提出的问题一直能够给予很好的解答，但是没有人敢说锂电池一定有很好的发展前景。当然，锂电池会让

戴尔公司与众不同，这点毋庸置疑。

　　配备了锂电池的 LATITUDE XP 机种，在 1994 年 8 月推出。推出时，戴尔公司邀请了 50 位产业分析家和记者，戴尔公司给他们每人配备了一部安装了文字处理软件并且完全配备锂电池的 LATITUDE XP 笔记本电脑，之后在纽约肯尼迪机场共同搭乘横跨美国的班机直飞洛杉矶。飞机在五个半小时后抵达洛杉矶，LATITUDE XP 打破了电池续航能力的所有纪录。市场对 LATITUDE XP 的需求，使得戴尔公司笔记本电脑的销量大增，从 1995 财政年度的第一季只占系统收入的 5%，到第四季已高达 14%。

积极进军网络世界

　　虽然早在 20 世纪 80 年代末，戴尔公司的技术人员就已经架设了用来传送档案的 FTP 系统，但 FTP 对当时戴尔公司品牌的推广没有帮助。又由于大多数厂商都提供相同服务，所以戴尔公司无法从竞争者中脱颖而出，更无法开拓发展直接模式。

随着浏览器和服务器技术安全性的逐渐提高，再加上几个叫座的聚财网站的形成，电子交易的数量也与日俱增。几乎全球的产业观察家都预测到电子商务会突飞猛进。

戴尔意识到网络意味着一块商业潜力的处女地，也是行销品牌的绝佳地。如果不尽早抢先建立起系统与服务的主要在线资源，对手就会抢占先机。1994 年 6 月，戴尔公司推出了网站 www. dell. com，网站包含了技术资源信息以及寻求支援的电子邮件（E-mail）信箱，主要诉求对象是熟知电脑技术的人，通常他们接受新科技的速度比普通人快。没多久，就有顾客告诉公司，希望能有一套计算个人电脑组装费用的方法，于是戴尔公司便推出在线组装。进入网站的顾客可以选择一套系统和零部件，比方像存储器、调制解调器、网络卡、磁盘驱动器、影像卡、声卡、扬声器等，然后马上就可以算出组装这套系统的价格。当时，顾客虽然必须与业务代表通话才能完成交易，但顾客已经稍稍尝到电子式直接模式的甜头了。戴尔公司表示："我们应该扩大网站的功能，做到在线销售。"

戴尔认为：网络可以进行低成本、一对一、高品质的顾客互动，并最终彻底改变公司运作的基本方式。网络使直接销售模式产生合理的延伸，创造出与顾客之间更强的联系，它将最终改变戴尔公司。

戴尔公司开始在全球架设其互联网销售平台（www. dell. com），网站目前采用三种语言，包括汉语、日语和英语，同时支持亚太地区 16 个国家的站点。所有浏览过这些站点的访客都能够享受到即时和个人化的服务——这正是戴尔的标志。戴尔公司自 20 世纪 90 年代初以来，服务对象包括亚太地区的政府、商界、大型机构及个人。客户对戴尔公司的产品与服务质量也是有口皆碑，使戴尔的业务得以迅速发展。

戴尔公司的顾客除了可以在网上研究产品、询价、组装、订货之外，还可以利用网络追踪他们所订货品的生产进度。购买的产品如果出现任何问题，顾客都可以到技术支援的网页找到戴尔公司技术支援小组所提供的各类信息。网络让直接模式更直接了。

网络加快了信息流通的速度，降低了成本，使顾客享受到了实惠。网络上的交易不用花费任何成本，节约了订货、组装的费用。在网站上每多一笔交易，就可以有效降低间接成本，为顾客省钱。网络也使得组织层级扁平化，整合了全球运作。

1996年6月，戴尔公司开始通过网络销售台式和笔记本电脑。同年年底，增加了服务器业务。戴尔公司在进行市场调查时，很快发现，通过网络购买电脑的企业比一般个人消费者更显得裹足不前。一般消费者在决定了电脑组装的规格，并得到估价之后，便会迫不及待地按下鼠标，完成采购行为。所以戴尔公司决定先把销售重点锁定在一般消费者，以此找出接触企业市场的最佳方法。

1996年12月，公司每天网上的销售额约100万美元，在网络交易上取得了领导者的地位，这一直是戴尔公司的目标之一。戴尔公司希望决定网络商业的模式，使其成为直接模式的延伸，而不只是复杂经销关系的旁支。戴尔公司希望网络能够成为整个企业系统的关键以及接触现有顾客和未来顾客的第一站。戴尔公司还计划在几年之内将50%的业务全部通过网上交易实现；公司的行政层面对这个概念非常支持，把网络与商业模式全面结合。戴尔公司决定将网络运用在信息系统上，以便更快速有效地与顾客和供应商连接。

为了更好地减少信息缺漏与流通障碍、简化系统，戴尔要求公司制造的所有东西，只要有公司名称，就必须同时印上"www.
dell. com"的字样。除此以外，为了加强内部员工对网络的理解，
戴尔公司还在公司内部实施了一系列教育活动。戴尔公司鼓励全球
员工多多运用网络，并大力投资教育销售人员，尤其是与顾客有良
好关系的销售代表，让他们了解因特网如何让他们的工作更有效率，
如何把更多有附加价值的服务及时提供给顾客。这样，他们很快就
了解到了 www. dell. com 的优越性，他们可通过互联网和顾客进行更
广泛的接触，同时促成合作。

为了让顾客了解网络的重要性和优越性，戴尔公司同时担负起
教育顾客的责任，解除顾客对于安全性等问题的各种顾虑。

戴尔公司的销售代表兼职教育顾客，他们经常询问顾客："你们
现在跟戴尔公司做生意的模式是什么？"借此让顾客明白，网上订购
不仅可以简化流程、减少订单出错的机会，还可以更有效地追踪进
度。网上订货之所以效率较高，是因为同样的信息不需要通过三个
渠道，只要一个就能搞定。而这个唯一的渠道就是经过特殊设计的
名为"戴尔顶级网页"的网页。

顾客可以在网上选配系统并估价，最终以双方同意的价格购买
此套系统。他们也可以通过以类别、地理区域、平均单位价格、产
品、总价等分类的详细顾客采购报表，追踪货品进度与库存现况，
以便有效管理资产，并能够得到戴尔公司销售、服务和支援小组成
员的联络资料；此外还可以查询他们需要的系统何时可送抵他们那
儿。假如顾客想知道公司为欧洲营运点所订的个人电脑数量，就可
以进入戴尔公司的资料库，输入参数，然后立即能得到相关报表。
戴尔公司也扩大了网上资产管理的规模，现在顾客可以知道自己的

系统契约是否过期、有没有千年虫问题以及自己的电脑是否该升级了。顶级网页虽然无法完全取代销售代表的工作，但可以延伸他们的功能；两者的关系就像顾客与银行，顾客在进行重大交易时会希望与银行职员直接谈话，其他时候则乐于使用自动提款机。

在网络上描述和解释公司产品的广度和深度时，戴尔公司不需要口口相传的方式就可以把新产品的资料提供给销售和支援小组的人员。

这样一来，使用者对公司产品功能的了解就远胜于使用手册或其他非互动式的信息方式。不仅顾客可以得到所有想知道的细节，戴尔公司还能确定顾客已经看过这些资料；如果以信件方式寄给顾客，戴尔公司不仅不能确定顾客是否收到或是否阅读过这些资料，更不可能知道他们读过哪一页，或觉得哪些内容有更大的帮助。但在网络世界里，戴尔公司可以计算上网人数，所以可以很精确地知道哪些资料是顾客觉得有价值的。

戴尔公司在用网络来拓展生意时，有三个基本目标：简化顾客与公司做生意的过程；降低顾客与公司交易的成本；加强公司与顾客的关系。

虽然此时戴尔每天在网络上的销售额超过 1 200 万美元，但对于戴尔公司而言，网上交易只是一个开始。

通过网络来加速公司信息的流通，消除公司的界限，使得戴尔公司能够用以往无法想象的方式达到产品和服务的优质，并且适时问世。戴尔公司在网络上成功的策略为：卓越的顾客服务；产品快速上市；致力于创造稳定的高品质并符合顾客个人需求的电脑系统，以提供最佳功能和最新科技。随着公司的发展演变，戴尔公司的策略愈来愈多样化。戴尔减少管理库存的步骤，在巩固与供应商已建立起的关系、改进供货给顾客的成本与产品上市方面占有很大优势。

迈克尔·戴尔认为，互联网是戴尔公司扩大其独特竞争优势的核心。同时他指出："戴尔公司将继续为全球计算机工业加入竞争机制。我们相信在所有大量有效地利用互联网的企业中，戴尔公司处于领先地位。我们不断积累的经验加上我们广泛的服务和屡获殊荣的产品，为我们所有从大企业到家庭的用户提供了极有价值的选择。"

戴尔公司进军中国

1998 年 8 月，戴尔公司在厦门设立了制造工厂，此举标志着戴尔公司正式进入了中国。

虽然有报道说这家公司当时的营业规模已经达到 180 亿美元，但

是众多经理人的目光并没有在这条新闻上停留过久。戴尔公司迅猛的发展势头让那些老牌企业坐立不安，但那些老牌企业并没有采取什么措施，就连它在中国的竞争对手——联想——对其颠覆性的力量

也估计不足。联想由于战略原因一开始没有彻底研究戴尔，只是作了一些小的调整。但很快联想发现自己错了，很长一段时间它在和戴尔的竞争当中都处于被动的位置，虽然那些先期进入中国的国际厂商对于戴尔的威力早有领教，但他们只能眼睁睁地看着这个后起之秀攻城略地，束手无策。

在进入中国不到 5 年的时间里，戴尔在个人电脑领域所占的市场份额就远远超过了其他国外厂商。与之相呼应的是，2001 年，戴尔成为了全球最大的个人电脑制造商。

是什么让它的竞争利刃如此锋利呢？戴尔的威力让中国经理人对其越来越好奇，中国经理人也对站在戴尔公司背后的迈克尔·戴尔越来越感兴趣——这个十几岁就以 1 000 美元的注册资金成立了自己公司的人，既不健谈，也不张扬，事实上，他居然是一个内向腼腆的人。有一次，在聆听完一位神气活现的首席执行官的演讲之后，戴尔举起手中的一张白纸，对旁边的助手不动声色地说："看到了吗？它普普通通、平淡无奇，我也一样。"

然而迈克尔·戴尔却注定是不平凡的，因为他的事业是如此的不平凡。他像一个寡言的剑客，多数时候都用他的剑来发言，而他的"剑"就是戴尔公司。戴尔公司的影响就是迈克尔·戴尔的影响，从这个意义上讲，他是一个对中国企业的管理制度发挥了重要影响的人。随着对戴尔了解的一步步深入，中国经理人对于戴尔公司供应链的关注和认识提高到了一个新的高度。

戴尔从小就非常执著于删除不必要的步骤，如果能用快速简易的方法轻松地做完一件事，他就会跃跃欲试。当迈克尔·戴尔还是一名小学三年级的学生时，他就寄出了一张申请高中文凭的函件。了解了这些，也就不奇怪长大以后他会创立一家以消除中间人为基础的公司，直接把电脑卖给顾客，完全按顾客下的订单生产，按照顾客的实际需求不断调整对生产原料的需求。

这和传统制造业的生产完全不同——先猜想顾客可能会买多少，并按照这个数量生产出产品，然后打广告吸引他们来买；又因为怕猜不准顾客的喜好，于是同一种机型又做上好几种。这样做的结果是：不能及时卖掉的产品变成了企业的库存，并随着时间的推移不断贬值；更可怕的是，一旦这种猜测和顾客的实际需求出现重大差距，灾难就会降临，很多企业由此跌入万劫不复的深渊。

根据顾客实际需求生产的"直接模式"有效解除了"猜谜游戏"的符咒，是商业模式的重大革新。可这种方式说起来容易，实际做起来却很难，难就难在怎样"用信息代替库存"，企业要根据顾客的需求变化不断调整物料需求，这对供应链提出了更高的要求，尤其是当其成长为一个年销售额几百亿美元的大企业时，要做到及时供应、快速响应就更难了。而戴尔通过一系列措施就使其供应链很好地做到了这一点，通过信息系统和供应商共享信息，通过虚拟整合和供应商结成更紧密的关系，戴尔把供应链变成了自己的核心竞争力。

中国企业的管理者对于供应链的认识，最早能够追溯到亨利·福特的影响，流水线的威力让人们意识到了供应链的重要性；后来，丰田的即时生产模式让中国企业的管理者看到了精益生产的新天地；

沃尔玛让中国企业的管理者更进一步发现供应链的威力不仅来自车间，还可以来自车间以外供应商的配合，而戴尔的影响将这种认识推进了一大步。中国企业的管理者发现这一次供应链的革命是全方位、贯穿始终的：直接模式使得从上游的采购、车间的生产一直到下游的配送各个环节全部发生了变化，这使他们对供应链有了更加全面的认识。若论起过去15年对中国供应链管理影响最显著的人，迈克尔·戴尔应当排在第一位。

这种影响最直接的传播是在戴尔的供应链上进行的。在戴尔的供应商名单中的一些中国企业受戴尔的影响非常深，戴尔管理供应商的方法以及对待供应商的态度都给了他们很大的借鉴，他们学习这种方法并把它应用于自己的供应链中，戴尔的影响就在这条链条上一环一环地传了下去。

为了提升整个供应链的竞争力，戴尔把自己的专业知识和管理技能传授给供应商。例如，戴尔公司和中国的一家主板供应商共同组成质量控制小组对生产流程进行监控，结果使后者在3年时间内把次品率从万分之八下降到万分之二点八；另一家台式电脑供应商在戴尔的帮助下，在没有增加设备和人员投资的情况下将生产能力提高了15%。明基也是一家在和戴尔的合作中受益匪浅的企业，总经理曾文祺一直清楚地记得当年戴尔的员工给他们上目标管理课时的情形。戴尔在和明基合作时，在交付期、时间、品质上都对明基要求很高，给明基一种要赢得未来的感觉。明基也用同样的方法要求自己的上游供应商给自己上课，提出一整套的要求。

联想是受戴尔影响的另一个重要群体。在看清自己和对手在供应链上的差距后，联想迈开了学习和追赶戴尔的脚步，从 2001 年到 2003 年，联想对戴尔的学习可谓亦步亦趋：他们开始将部分笔记本电脑的生产包装包给其他厂商；引入了 i2 的供应链管理系统；也和供应商在工厂附近建立了 VMI（供应商管理库存）仓库，并且每天两次通过数据交换调整真实需求和库存之间的误差……从 2004 年开始，联想的供应链开始和戴尔有所不同了，在学习的过程中联想领悟到了自己的一些东西，摸索出了自己的双模式供应链。中国计算机厂商的供应链管理水平在和戴尔的竞争中普遍提高了，这都是拜戴尔所赐。

戴尔在中国的影响还并不局限于和自己有关系的企业。在供应链的重要性越来越凸显的今天，所有的中国企业都可以从戴尔那儿得到启发：如何与供应商紧密联系？如何管理供应商？如何与供应商达成双赢？北京大学最近公布的一项研究报告显示：戴尔的供应链管理并不是一场把成本转嫁给供应商的零博弈，戴尔不仅降低了自己的库存，而且降低了供应商的库存。戴尔使中国的企业对如何提升供应链的效率、如何与供应商共赢的问题越来越重视。

戴尔中国的十年之变

西方企业如果只把新兴市场视作淘金之地，是很危险的。而且从发达国家来新兴市场淘金的跨国公司，都必须小心通过后坐力考验——从手枪发射后坐力引申出来的"后坐力效应"，泛指任何事件发起方反而受到事件不利影响的情况。

2007年6月10日，戴尔个人电脑首次进驻沃尔玛在美国和波多黎各的零售店，由戴尔公司开创并一贯坚持的单一直销模式宣告终结。6月13日，戴尔公司发言人瑞德称，戴尔正在与中国的零售合作伙伴进行谈判，并计划开辟零售渠道。这意味着，很快中国消费者就可以通过直销以外的渠道购买到戴尔电脑了。除此之外，印度、澳大利亚、日本市场的零售计划也在进行之中。

与其说戴尔向零售妥协，还不如说市场改变了戴尔。戴尔中国有限公司近日展示了一份北京大学的报告，报告中列举戴尔为中国作的一系列贡献，并提出戴尔带来好的产品及投资的同时，本身也在被中国市场改造着的观点。北京大学完成的《戴尔与中国经济增长》报告引起了 IT 业界内外的广泛关注，报告阐述了跨国计算机制造商落户中国所带来的巨大的并日益提升的经济效益。

这项由北京大学深圳商学院和北京大学中国经济研究中心两个项目小组历时 6 个月共同完成的报告，通过精确的量化分析，总结得出了"戴尔效应"：戴尔公司在中国每 100 万美元的支出为中国经济带来 230 万美元的 GDP、增加 92 个就业机会，并使戴尔供应链中其他企业上缴 14.4 万美元的税收。2005 年，戴尔对中国 GDP 的直接和间接贡献约 364 亿美元，并为中国各行业提供了近 150 万个就业机会，占全国非农就业的 0.4%。

主持报告的海闻教授认为："除了这些可量化的影响，戴尔通过降低企业和个人获得信息技术的成本以及向其他企业传授供应链管理经验，为提高中国企业运营效率作出了巨大贡献。"比如，中国网络服务器市场在 2000 年到 2006 年间平均价格下降 40%，戴尔的进入成为价格下降的主要原因。根据其他国家的经验，设备平均价格的下降可以加速企业在科技方面的投资。另外，厦门锐智信息科技有限公司通过与戴尔的合作，从传统的内销型小企业迅速成长为跟国际接轨的中型企业，同时企业的人力资源结构也迈上了新台阶。

戴尔在中国的支出大部分来自采购。戴尔每年的全球采购开支在 400 亿~500 亿美元之间。2006 年，其在中国的采购额约 180 亿美元，按报告提供的量化指标计算，这部分采购带来的"戴尔效应"为：增加 414 亿美元 GDP、16.56 万个就业机会、25.92 亿美元税收。另外，从 1999 年 7 月开始，戴尔在中国实行的直销也带来了全新的销售理念，成为看得见、学得到的经典教材。虽然本土的联想、方正反其道而行，走上分销之路，却也正是来自戴尔的竞争压力，激发本土企业去探索最适应本土消费者需求的模式。雄心勃勃布局数年之后，戴尔发现，中国遍地都是竞争对手，这些中国的企业非但没有缴械服输，反而壮大成为世界级大企业。在自己开辟新兴市场而为中国经济注入活力的同时，戴尔也感受到了中国市场给予的"馈赠"——本土企业的大力竞争。

人尽皆知，戴尔公司开创的直销模式，帮助其发展成为全球最大的电脑零售商之一。戴尔曾经一直拒绝接受零售方式，然而现在，迈克尔·戴尔却说："直销是一种革命，但不是信仰。"戴尔不得不承认，直销并不是战无不胜的，在中国市场上，戴尔就敌不过分销的联想。戴尔在销售模式上作出历史性让步，中国的市场特征、消费习惯是一个重要的推动力。麦肯锡曾断言："中国可以大大改变一个行业的全球竞争态势。不妨把迈克尔·戴尔的变革宣言扩展为：跨国公司以往成功的做法不是信仰，必须为适应新兴市场而革命。"

骄傲自满的西方企业几十年来一直把新兴市场看做淘金之地，因为这里不但有日益富裕的消费者，更有用之不竭的低成本劳动力。它们以为，在本国取得研发和创新技能之后，就可以在新兴市场中收获成果。可是，它们带来的竞争，却激发新兴市场的本土企业寻找对应策略，提高竞争层次，创新管理、产品和模式。如果跨国公司只把新兴市场当做淘金之地，放弃了创新，就会感受到成长起来的本土企业的"后坐力"，因此受伤以至落败。

由于受困于美国经济颓势，戴尔2008年度第四财季净利润同比下滑。戴尔发布的2008财年第四季度财报显示，由于消费者支出增速减缓、运营支出增加，戴尔第四季度净利润同比下滑6%，未能达到分析师的预期。与美国本土市场的颓势不同，戴尔的净利润在

"金砖四国"——中国、巴西、印度和俄罗斯增长强劲，特别是中国和印度市场，十分明显。"我们在亚太地区已经拥有 29 000 名员工，去年第四季度的出货量年增长 41%，中国为 54%，印度为 77%。"迈克尔·戴尔如是说，"现在戴尔在中国已经进入了 1 200 座城市，这个地域的扩张就有很多事情要做。我们也推出了针对中国市场的 PC 和笔记本产品。"

随着电子化的快速普及，行业用户市场似乎接近饱和，未来 PC 市场的主要需求将是中小企业和个人用户，其中，以娱乐需求为代表的个人消费将成为 PC 市场的新增长点。市场增长点与目标用户群之间的矛盾是促成戴尔渠道变革的直接动力。北京奥格威营销咨询网高级合伙人龚某认为，不断进入零售渠道表明戴尔正在强化面向家庭与个人的消费类产品，以冲淡以往对行业用户市场的过分依赖。

"随着我们市场的扩展，通过分销商、零售商和解决方案商进行销售的模式是我们增长的重要机会。"迈克尔·戴尔显然也已经敏感地意识到了市场环境的变化。这位年轻的创始人甚至认为分销将会是"未来的发展趋势"。然而，戴尔的变革却是谨慎的。据了解，戴尔未来在中国的销售模式是一至三级城市仍以直销为主，在四到六级城市建立以分销为主要特征的新渠道模式。可以肯定，"直销+分销"的混合销售模式将在一定时期内共同存在。隐藏在这场变革背后的是戴尔对中国四到六级城市市场的野心。据估计，未来 3~5 年，中国的个人电脑市场将保持 25% 的年增长率，中国下一轮电脑销售高潮将出现在四到六级城市。

面对失控的局面

早在 1988 年戴尔就受到华尔街的关注，那年戴尔公司在纳斯达克公开上市，融资 3 000 万美元，市场价值高达 8 500 万美元。接着，戴尔开始向海外进军，并在加拿大和当时的西德创办了全资

子公司。随后，戴尔大胆改革公司结构，提供了全球范围内统一的产品资源，使销售和市场配套集中起来。

1989 年，戴尔年收入高达 2.5 亿美元。随着全球的销售形势越来越好，他分别在爱尔兰、法国、瑞士及其他一些欧洲国家开设了分公司和办事处，并于 1991 年 3 月在爱尔兰成立了欧洲制造中心。进入 90 年代，戴尔的发展更如脱缰野马，年收入平均增长 97%，净利润更是达到 166%。

戴尔成功的根本诀窍就是把原来的中间商的利润归为己有。

就像山姆·沃尔顿把每一家连锁店开到小城镇一样，戴尔的过人之处在于他知道沃尔顿的原则能在电脑业所向披靡。

戴尔公司的副总裁康尔特·托福尔说："在我看来，迈克尔的天

赋并没有得到应得的肯定,对市场的每一丝动向都有敏锐的洞悉,是他创造了戴尔公司经营模式的要素。"戴尔公司奉行的是一种最实际、最朴素的哲学:组装和销售计算机。但是越是朴素、简单的东西,越是容易被人忽略,而戴尔就在这个缝隙中用最快的速度生存、发展、壮大!

过分的顺利使得戴尔有些飘飘然,他还太年轻,根本没有想到乐极生悲这回事。随着公司的发展,日益膨胀的规模和其管理方式发生冲突,像每一个白手起家的公司一样,戴尔公司面临着飞跃和深渊。过快的增长速度引发了功能失调,公司无法根据产品类型理清盈利和亏损,同时在基础设施和管理经营方面也遇到了很多困难,公司陷入了失控状态。

当戴尔想借助惯常的零售渠道来挽救这种局面时,已经来不及了。公司出现了一个季度的亏损,股票价格呈直线下跌。由于生产计划不善,以至于公司不得不停止对笔记本电脑的生产。面对大好市场,公司只能坐失良机,眼睁睁地当了 12 个月的旁观者。戴尔坦率地说,当时他迷醉于这样的信念里:为了在大集团军中求生存,公司必须首先保证快速增长。直到赤字出现在纸上,他才发现潜在的问题。

这次打击无疑是巨大的,但同时使得戴尔变得清醒起来:"我又从空中落回到了地面上。"他回顾了公司几年来所走过的路程,经过不懈的努力终于把公司的发展方向调整了过来。"流动性、利润和增长"成为了公司以后发展的坐标。

这个年轻人清楚地认识到再不能仅仅依靠直觉来管理了,于是在公司内部加强了科学化管理;并迅速从各地招揽人才,组建了一个高级经理队伍，充分发挥他们的职业技能。同时，戴尔毫不犹豫地从零售渠道中退出，将业务重点转移到更富有经验和利润的政府机构和企业市场上。在这块市场里，戴尔公司的服务和产品品质更容易得到认同。同时，戴尔公司也卓有成效地加强了信息系统的基础设施。

戴尔开始在荣誉和挫折中稳步发展，真正的优秀企业不是"短暂神话"，而是百年长久的"稳定现实"。

第四章　戴尔公司成功的营销之路

　　戴尔公司经营成功的因素有很多，其主要原因在于正确的经营战略，依靠科技和管理形成自己的竞争优势，诚信经营赢得良好的信誉形象。让我们来分享一下他特有的营销之道。

戴尔公司的企业供应链管理模式

戴尔公司（DELL）的供应链管理一直被视为全球的典范之一。从1984年成立以来，戴尔公司一直致力于为用户提供量身设计的产品和服务，这使其在当时全球以个人电脑制造业及高技术行业普遍不景气的大环境下，仍然占据全球个人电脑销售额第一的位置。

企业的供应链是一个相互协作的系统，呈现出动态性和复杂性。戴尔公司按订单生产，采用基于拉动的供应链战略不同于传统的基于推动的供应链战略。公司的生产和配送是由顾客需求驱动的，因此他们是与顾客需求相协调，而不是与预测相协调。

戴尔公司运营方式的显著特点就是按单生产。顾客直接向其发出订单，消除中间商这一环节。对一般消费者来说，可以先在网上选择电脑配置，然后下单给公司生产。利用网络使公司轻松地同每一位用户对话，确切了解他们的喜好并迅速作出反应，满足顾客需求。戴尔的这种运作模式无论对一般用户还是团体用户都是基于需求拉动，充分体现出需求拉动的供应链战略的特点。

戴尔的订单式生产满足了顾客需求的多样性，同时也是戴尔 JIT
生产方式的基础。由于它直接接受顾客订单，按实际需求生产个人
电脑绕过了传统经销商，使公司降低了持有库存所带来的成本和风
险。同时很多供应商在戴尔的工厂附近也建立了工厂或库房，并在
需要的时候迅速满足其所需存货。戴尔与供应商的这种让供应商管
理库存的联盟关系，使本企业库存成本下降。

与用户结盟是其基于订单生产的优势之一。让顾客自行选择的
方式增加了供应链的服务价值。戴尔在客户关系管理上首先对顾客
进行细分，根据顾客需求进行配置产品和设计订单。订单分为两部
分，一部分为标准项，一部分为标准项下顾客的选择项。这里所说
的设计订单指根据顾客细分结果，针对不同顾客设定出不同的标准
项，在标准化的基础上实行差异化；其次，戴尔还建立了顾客数据
库，其中包含所有顾客的信息；最后，公司还建立了专门处理客户
订单的机构，解决了集中处理需求的要求，如果客户遇到问题也可
以通过网络来自己寻找答案，大大降低了公司与顾客直接联系的
成本。

戴尔认为要使供应商降低成本改善客户服务水平，只考虑顾客
是远远不够的，供应商的参与也是企业供应链管理中的重要组成部
分。戴尔在供应商管理方面呈现出的特征是：一、把选择好的供应
商作为一条行动准则，尽量减少供应商从而避免管理的复杂性；同
时要求供应商对直销模式的重要性有清楚的理解。二、不仅要求供

应商尽量靠近自己，同时还要求供应商具有与其一起冲刺的能力；若市场需求有所改变或是技术发展了，其供应商必须有适应市场变化的能力并与其新需求保持一致。三、实施供应商资格计划，即供应商必须通过周期性的评估以确保质量符合戴尔的标准。

戴尔基于拉动的供应链战略按照订单来进行生产。这种顾客需求的倒流水拉动不但及时满足了顾客的需求，而且还使企业的整个生产活动围绕需求进行。当然，基于拉动的供应链战略虽然有效地满足了顾客的需求，但是逐一满足客户需求必将增加企业的成本。针对戴尔订单式生产所带来的成本增加却难以实现规模经济的问题，改进的方法是尽量做到客户化延迟平衡成本与需求的多样性。也就是说，企业寻找一种新的供应链战略，同时利用推动式和拉动式这两种策略来解决问题。在供应链的前端使用推动式战略，剩下的阶段则是基于拉动式战略。戴尔要找到这样一个临界点去平衡需求的多样性及规模经济效应。

库存对供应链的管理直接影响到成本和服务。首先，戴尔零库存的生产方式降低了企业成本；其次，戴尔面向订单装配这一商业模式有效地提高了服务水平，使其不仅能提供较快的顾客响应，而且满足了不确定的顾客需求；最后，由于戴尔既是生产商又是直接面对顾客的分销商，既减少了中间环节，同时按订单订零部件的方法有效地避免了雪崩效应。当然，低库存模式尤其需要供应商和企业自身运营模式积极地配合，否则会影响服务水平。针对可能出现的问题可以采取相邻层级的合作，公司与供应商之间要做到信息共享，确保供应商对顾客信息的了解，根据需求提供零部件，防止过多的需求预测放大需求使库存量增加。

"交易引擎"解决了供应链管理上的信息流问题，而物流则通过"供应商管理库存"（VMI）模式，借助于第三方物流公司对遍布在全球各地的数百家供应商的产品进行仓储管理和物流。承担戴尔中国客户中心大部分物流工作的波灵顿公司（BAX）原本是美国公司，2005年11月被德国铁路收购。德国铁路是欧洲第一大内陆运输公司和最大的铁路公司，也是全球第二大空运和第三大海运公司。

一直以来戴尔与供应商采取战略联盟的方式，并帮助供应商与其一起满足顾客新的需求。其采取的供应商战略联盟的方式有很多，企业选择以更低的成本、更高的质量来改善绩效。然而，对购买方和供应商来说，战略联盟也有一定风险。戴尔引入 BAX 形式上看是增添了一个中间环节，实则是一次专业分工。戴尔这样全球采购的跨国企业，对物流、仓储、通关、全球畅通的这类立体运输网络并不擅长，交给专业供应商去做是追求效率上的回报。

戴尔为了减少管理的复杂性尽量减少供应商，借助 BAX 的物流管理平台，供应商可以随时查看其在 BAX 的库存状况，但这样做也增加了供应商垄断性的可能，使得企业的响应速度降低。针对以上可能出现的问题可以采取以下应对措施：一、对于每种部件应该尽力维持一个以上供应商，这样每个供应商都会明白还有一个竞争对手在边上等着；二、与供应商密切合作以改善效率和成本，企业可以促使供应商持续地支持联盟，使双方受益。

企业的供应链管理是对供应链上所有业务伙伴的整合，使整个系统在提高客户满意度的同时有效降低企业的成本，让供应链上的所有企业都可以看到其按订单生产、供应商管理及库存管理模式是相互协作的一个系统，它们共同的目的就是满足顾客的需求、降低企业的成本，以达到共同盈利、共同发展的目的。

戴尔公司的网络营销

在网络营销时代，市场营销的胜利者都是对网络营销最有效的利用者与控制者。网络营销运用的成熟，不仅有效地消除了企业、经销商、消费者之间信息流通的障碍，更在较大程度上强化了企业与消费者之间的关系。

1994 年戴尔公司推出了 www. dell. com 网站，并在 1996 年增加了电子商务功能。不到三个月，其网上营业额已高达每天 100 万美元，1997 年跃至 400 万美元，2000 年每天的网上营业额已经高达 5 000 万美元，按工作站付运量计算戴尔首次名列全球榜首。更有消息称，戴尔公司年营业额的 40% ~ 50% 来源于戴尔公司的网站。可见，戴尔在网络营销这部分的投入极大。这也是戴尔之所以成功的重要原因。

今天的戴尔公司已成为全球领先的计算机系统直销商，跻身业内主要制造商之列。早在 2000 年戴尔公司的收益已达到 270 亿美元，成为全球第二，是增长最快的计算机公司。戴尔公司在全球 34 个国家分别设有销售办事处，其产品和服务遍及 170 多个国家和地区。戴尔公司总部位于得克萨斯州，并在以下地方设立地区总部：中国香港，负责亚太地区的业务；英国布莱克内尔，负责欧洲、中东和非洲的业务；日本川崎，负责日本市场业务。另外，戴尔在中国厦门还设有生产全线计算机系统的企业。凭着对新技术的敏感，戴尔率先搭上了最新因特网班车。"我们就应该扩大网站的功能，做到在线销售。"戴尔在出席董事会时，坚定地表示："网络可以进行低成本、一对一而且高品质的顾客互动，在线销售最终会彻底改变戴尔公司做生意的基本方式。"1996 年 8 月，戴尔公司开通在线销售，6 个月后，网上销售每天就达 100 万美元；2000 年高峰期，已突破 5 000 万美元。网络商务给戴尔的直销模式带来了新的动力，并把这一模式推向海外。在前 6 个月的时间里，戴尔电脑的在线国际销售额占总体销售额的 17%。

电脑软硬件产品是十分适用于网络直销的，这是因为：网络用户大多数是电脑发烧友，对于电脑信息最为热衷，再加上电脑产品升级换代快，使得这一市场有着永不衰退的增长点。戴尔充分利用这一点，运用互联网推广其直销订购模式，并凭借出色的网络营销发展模式，一举超越了所有竞争对手，成为全球销售第一的计算机公司。进入中国市场之后，戴尔的理念是以"直接营销"的网络营销模式为基础，借助强大的营销推广在中国市场上取得了迅猛的发展，成为中国 PC 市场的第三大巨头。

由于直销免除了中间各个层面的传递，没有中间商，大大削减了不必要的成本，而这些成本最后都反映到产品价格上。所以，在价格方面，直销具有明显的优势。同时，由于网络沟通的费用极低，整体营销费用的低廉也反映到产品的价格上，这样戴尔电脑更具价格领先优势。在网络营销中，由于供用户选择的资源丰富，所有产品及其价格都会出现在同一个平面，用户可以随意比较同类产品的价格。有了品牌质量的保证，再加上价格的优势，消费者在选购电脑产品时当然更倾向于戴尔。

直接面对顾客的直销方式

戴尔公司的直销理念很简单：戴尔公司建立了一套在美国被称为"直线商业模式"（Direct Business Model）的营销方式，绕过中间商直接面对顾客，企业直接接受顾客的订单，并直接把产品销售给"最终顾客"，直接为顾客提供全过程的服务。这种直销模式不仅减少了中间商，更为重要的是节约了成本和时间。同时，由于顾客直接面对厂家，可以在订单中详细列出所需的配置，戴尔公司按照顾客的不同需要进行"按单生产"。

这种模式与非直销模式有两点明显的"差异"：首先，将两次销售过程合并为一次，即将制造商销给经销商，经销商再销给"最终顾客"的过程，简化为制造商直接销给"最终顾客"。程序的简化，降低了营销过程中的"必要库存"和营销成本。通常，分销商在销售电脑时，一般要加价7%～9%，直销就完全可以以出厂价销售赢得竞争优势。也就是说，可以把本应由经销商赚的那部分钱，省下来给顾客。其次，厂家直接接受顾客包含不同要求的订货，让顾客得到更多的"可感知价值"，厂家能及时收集到更多对产品和服务需求的信息。这样，客户得到了自己最想要的电脑，而戴尔公司对客户的要求也有了深入的了解，便于今后提供更好的售后服务。

检验公司核心竞争力的重要方法之一，就是"应当对最终产品为客户带来的可感知价值有重大贡献"。戴尔公司早在创业伊始就摒弃了传统的销售渠道，既没有通过本公司的销售人员来进行推销，也没有利用现有的分销渠道，而是通过在精选的电脑杂志上做广告，从而得到消费者直接反馈的信息，而后将电脑直接销售给"最终顾客"。在最初几年中，戴尔公司的电脑产品几乎都是通过快递送到用户手中，其间没有通过任何的中间商、零售商或批发商。戴尔公司的广告也因强调直销模式而极具特色，画面上一家电脑商店上面打上了一个十分醒目的红叉，下面注明："有戴尔，您不必去那里买电脑。"

戴尔公司的"直接销售模式"建立在对顾客需求深刻了解的基础上。大多数公司在作市场细分时主要是作产品细分，戴尔公司则在此之外加上了顾客细分。随着对每一个顾客群认识的加深，戴尔对于他们所代表的购买群体也能够精确衡量；同时也可以更有效地衡量各营运项目的资产运用，通过分析和评估每个细分市场的投资回报率制定出日后的绩效目标，使各项业务的全部潜能得以充分发挥。戴尔公司认为"分得越细，我们就越能准确预测顾客日后的需求与其需求的时机。取得这种策略性的信息后，便可与供应商协调，把信息转换为应有的存货"。市场细分化的做法解决了戴尔公司创立以来的困扰：即如何在逐渐扩大的同时还能维持持续而稳定的增长。

《哈佛商业评论》显示，1994 年时，戴尔公司的顾客还只有两类：一类是大型的集体顾客，一类是包括一些消费者和商业组织在内的小型分散顾客。当年公司的资产仅为 35 亿美元；到 1996 年，戴尔公司从大型集体顾客市场中细分出中型公司、大型公司、政府与教育机构三块市场，同年公司资产升至 78 亿美元；而到了 1997 年，戴尔公司又进一步把大型公司细分为全球性企业客户和大型公司两块市场，又把政府与教育机构市场分为州政府和地方政府、联邦政府、教育机构三块不同的市场，小型分散顾客也进一步分解为小型公司和一般消费者两块业务，当年公司资产攀升到了 120 亿美元。发展壮大后与顾客脱节一直是一些大公司的通病，而戴尔公司随着经营规模的扩大不断进行着业务细分，因而能更深入地了解各顾客群的特别需要，促使企业崛起。戴尔公司坦言："我们的目标是要做到比顾客更了解他们自己的需求。"

戴尔公司希望与顾客建立一种直接的关系，让顾客能够直接与厂家互动。通过这种互动，顾客可以十分方便地买到他们所需要的机器配置。戴尔公司可以根据订单制造出完全符合顾客需求的定制计算机。而且，顾客还有可能得到一种高价值的解决方案，因为戴尔公司坚持为顾客提供最新技术的计算机。每当微软公司或英特尔公司推出新的产品时，戴尔公司都能够及时掌握信息，随即集成一种新的系统产品卖给顾客。顾客也可以要求戴尔公司按订单制造出最新技术的定制计算机。与此同时，戴尔公司也将直接销售模式引入服务领域。如果顾客的机器出了问题，只需拨一个全国统一的免费电话，戴尔公司的工作人员就可以通过电话为他解决问题。如果是硬件问题，戴尔公司也会直接到顾客那里去为他维修，而且这种服务是全国性的。对于笔记本电脑，戴尔公司还有国际保证，假如顾客去新加坡或中国香港，只要拨打当地的免费服务电话，当地就会派工程师前去解决问题。

通过直接销售模式，顾客不但可以直接与戴尔公司互动，而且可以从中得到两大益处：第一，最佳价格性能比，实现"相对较低的价格"与"相对较好的质量"的完美组合；第二，从戴尔公司得到用最新技术提供更高的可靠性、稳定性和更多的性能的产品。另外，在服务方面，戴尔为顾客提供全国范围的保修服务。

戴尔公司的直销方式分为三种：一是现场销售，由公司的技术人员直接到政府、企业和银行推销产品并提供服务；二是电话销售，通过电话向中小企业等有经验的用户销售；三是互联网销售，戴尔公司在 1995 年开始通过电子商务在网上进行销售，供应链遍布全美各地以及世界上的很多国家，只要你通过电话或是互联网订货，用不了几天，按要求制造的戴尔电脑就会送货上门，实践证明，网络在线直销是强有力的促销手段，戴尔公司称 80% 的客户都是通过网站购买计算机的。在美国，戴尔公司的网上销售占销售总额的将近一半。戴尔电脑从网络直销中得到的毛利比电话直销多 30%。戴尔网页提供的技术资讯服务更为电话技术支援省去不少昂贵支出。戴尔公司每个月接到约 40 万个寻求技术支援的电话，戴尔技术支援网页的浏览次数高达每月 250 万次。戴尔公司还创建了"贵宾网页"，共设 8 000 个迷你网站，这是戴尔公司针对重要顾客的特定需求，精心设计的企业个人电脑资源管理工具。顾客可以在这些网页上找到企业惯用的个人电脑规格和报价，并上线订购；同时可以进入戴尔的技术支援资料库下载资讯，为负责企业电脑资源管理的员工省下许多宝贵的时间。戴尔公司目前正以每月增加 1 000 个"贵宾网页"的速度，为顾客提供便利。

戴尔公司还专门建立了一个服务电话网络。中国有 94 个免付费电话可以直接打到戴尔公司的厦门工厂。在厦门，戴尔公司有一个电脑电话集成系统（CTI），它可以对打入的电话进行自行整理，并检查电话等候接通的时间。每天、每周公司的人员都要及时检查顾客的等候比，了解顾客等候情况，根据 CTI 报告的顾客量，确保有足够数量的工程师来接听顾客服务电话。更为重要的是，戴尔公司建立了一个顾客信息数据库。如果顾客打电话过来，工程师只需把顾客计算机的序列号输入电脑，便能准确查出顾客所购计算机的所有配置。这样，工程师在帮顾客解决问题时就更为快捷、方便。多数时候，这些问题都是使用上的问题，一般可以在 30 分钟内通过电话解决；如果顾客的硬件出现问题，戴尔公司也会在一周之内把问题处理好。

戴尔公司的产品策略

IT 业的巨无霸——微软公司的总裁比尔·盖茨对戴尔公司在网络方面所取得的巨大成就无比钦佩。在互联网方面，比尔·盖茨决定与戴尔合  作。在 1997 年春天，盖茨专程飞往奥斯汀去拜访戴尔。天下之大，能有几人可以令盖茨为之折腰！

敏锐的感觉、超凡的胆识，这就是迈克尔·戴尔——电脑业的经营奇才。戴尔公司现在已成为微软最大的合作伙伴之一。

迈克尔·戴尔之所以能取得如此杰出的成就，与那些神奇的软件和芯片并无太大联系，而在于戴尔敢于逆流而上、取人之所异。

戴尔公司的副总裁康尔特·托福尔说："在我看来，戴尔的天赋还没有得到应得的肯定，市场的每一丝动向他都有敏锐的感觉，戴尔公司的经典传奇是他创造的。"

英特尔的安迪·格鲁夫对戴尔也是大加赞赏。格鲁夫评价戴尔说："虽说他没有拉里·埃里森那样的影响力，也不具有史蒂夫·乔布斯那种傲慢的气质，但戴尔具有超凡的胆识，那些别人认为十分棘手的问题，他处理时总显得那样从容不迫。"

通过直销进行产品销售，并将大型计算机市场的营销策略成功地应用于个人电脑市场之中，这是戴尔为世人所瞩目的一个创举。

正由于戴尔公司富有创意的营销方式，使得它的库存周转次数是它的竞争对手的一倍多，也使戴尔公司在占据市场方面具有其他竞争对手所不具有的优势。

PC 机直接销售的份额将进一步增加，增长率也许将以原份额的50% 递增。这也正符合了戴尔的预测，分析家的预测也证明了这一点："直接购买成为将来的客户越来越偏爱的一种购买方式，并且直接购买能为客户提供更满意的服务。"

戴尔的效率比任何一家硬件制造公司都高出一筹。戴尔模式使公司重建 PC 产业，而不用发明任何东西。这一模式现在受到了自诞生以来最严峻的挑战。戴尔进入了自己从未进入过的市场，在一些新市场中，PC 领域的成功已经为戴尔打开了大门；但在另一些市场中，戴尔则要从零做起。戴尔低价生产硬件的特长在服务市场中居然毫无用武之地。每前进一步，戴尔模式都要面对挑战，但令人惊讶的是，模式的捍卫者认为戴尔模式现在更强大了。

在戴尔电脑公司，"The Model"是人们对戴尔模式的简称。戴尔由于没有自己专有的技术，从而以让用户难以抗拒的价格提供计算机，同时让别人去承担研发的成本和风险。戴尔模式的威力很容易被忽视，原因是高效生产和直销都非常的简单。虽然这是一个简单的商业模式，但戴尔取得成功靠的是把这一模式发展到极大的规模且具有复杂性。

戴尔说："我们的系统很简单。首先要满足客户的需要，其次是要盈利。假如我们不能很好地做到第一点，那么我们也不可能做到第二点。"

"高效率低成本"的经营策略

"高效率低成本"是戴尔经营策略的精髓。从创业开始，戴尔就深深领会到了这一策略的精髓。

直接销售模式高效率低成本的特点因因特网的出现而有了新的内涵，使戴尔的业务出现了第二次的飞跃，在线支持进一步降低了成本，减少了库存，并减少了支出。1999 年的前三个季度，戴尔的销售额已达到 215 亿美元，2000 年是 182 亿，3 年销售额和利润的增长率都在 40% 以上。由于成本低，利润也得到了充分的保证。现在的戴尔电脑的销售 50% 都是通过在线进行。

从戴尔订货，无论客户是通过网络还是电话发出指令，只要不到一分钟的时间信息马上就会出现在控制中心的电脑里面。控制中心再通过网络迅速通知供应商供货，同时也把用户要求的配置信息输入装配程序，如需求的数量、配件的运输、规格、型号和装配，这些全都按照控制系统的安排精确运行，前一道工序与后一道工序严丝合缝。

在装配厂里，每小时可以生产出 700 台根据用户要求而配置的不同电脑，每台电脑从零部件进厂到最后装配检验完毕后装车出厂，这个过程在戴尔公司得克萨斯州的制造中心里只需要 5 个小时就可以完成。工厂每两个小时接到一批零部件，每 4 个小时就可以发出一批装好的电脑。这里既没有零部件的库存，也没有成品的库存。有人会把戴尔公司比做是一个像沃尔玛那样的电脑"超级市场"，其最大的不同就是沃尔玛有仓库，而戴尔没有。

降低销售成本也算是直销模式的一个重要基点。戴尔的经营成本也仅为康柏、惠普等大公司的 50%，也许还更低，这缩短了产品到用户手上的时间，从而更拉近了与客户之间的距离，体现了最为宝贵的真诚。

戴尔公司的直销商业模式在过去 10 年里使戴尔处于领先的地位，也使他们更加有信心继续保持下去，这也是戴尔公司的利润水平雄踞全球 5 大电脑巨头首位的奥秘所在。

除了直销商业的模式，戴尔管理公司的方式也是戴尔成功的秘诀之一。熟悉戴尔的人对他的评价是"随和"。还有人这样说过：在微软很可能会听到讽刺比尔·盖茨的笑话，在英特尔也可能听到讽刺安迪·格鲁夫的笑话，但在戴尔公司你却听不到关于迈克尔·戴尔的笑话。尽管如此，这种说法依然掩饰不了戴尔在商业上的精明，他创造的直销模式迅速改变了全球计算机市场的格局，为计算机行业注入了新鲜的血液。

戴尔公司的库存管理

企业中库存问题的实质：一是由供应商提供的零部件储备库存，二是为分销商储备的库存成品以及供货在途中的成品。无论哪类库存都会造成企业的资金积压。戴尔公司的"按单生产"实现了成品的"零库存"，不用为分销商储备成品库存。戴尔公司提出"以信息代替存货"的压缩库存的目标，与供应商协调的重点就是精准迅速的信息。戴尔公司不断地寻求减少库存的方法，并进一步缩短生产线与顾客家门口的时空距离，实现"零库存、高周转"。迈克尔·戴尔曾明确指出："人们往往只把目光停留在戴尔公司的直销模式上，并把这看做是戴尔公司与众不同的地方，但是直销只不过是最后阶段的一种手段，我们真正努力的方向是追求'零库存运行模式'。"

　　创业之初的戴尔公司根本无法支付生产零部件的全部资金。迈克尔·戴尔认为可以利用别人已做的投资，把注意力放在客户的供货方式和系统上。戴尔公司决定自己不制造零部件，但是要求零部件供应商必须在其周围设厂或仓库，以保证能够及时供货，如包装箱每天供应 6 次。戴尔公司挑选供应商非常严格，他们在同行中谨慎地选择可靠的供应商并与之建立伙伴关系。

　　电脑业有其特殊性，重要零部件如微处理器等的性能在日益升级，而价格却不断下降；新型产品的开发周期不断缩短，技术日新月异，成品的售价处于急剧下跌之中，因而产品库存容易造成亏损。对于这个产业，时间就是金钱。美国私人电脑大代销商安泰克斯公司总经理约翰·麦克凯南曾经计算过，顾客付出同样的代价，每隔一个月就可以买到功能提高 2% 的电脑。在削价时，按照常规，厂商有责任对代销商库存产品进行差价补偿，对代销商的退货产品要按原价支付；而尚未销出的压库产品的亏损，只能是厂家自己负担。根据这些营销特点，库存对电脑公司压力特别大，而现做现卖的直销公司则不存在这类风险。同样做一件事，如果生产方式不同，那么就可能产生不同的利润空间。"戴尔模式"中利用摒弃库存赚取利润的方式是用户货款与供应商货款中间的时间差，这中间产生的利润至少是公司自有资金的存款利率。同时，这种与客户直接接触的销售方式加强了反馈功能，也就是说，戴尔公司可以生产出客户需要的任何产品，而绝不会造成产品积压，避免了积压造成的损失。一般厂商销售电脑的程序是：对未来一段时期的电脑市场进行预测，制订生产计划，然后生产、测试、检查、封机、装箱、入库，根据计划或要求发至代销商。从制造到销售的整个周期一般需要 6～8 周。而戴尔公司在客户发出订单后保证在 36 小时以内完成装配，从订单到送货到客户手中的时间仅为 5 天，从发货到客户电子付款在 24 小时以内，戴尔的资金周转天数已降到 11 天。由于戴尔公司"按单生产"，它的零部件库存一年可周转 15 次。相比之下，其他依靠分销商和转销商进行销售的对手，其周转次数还不到戴尔公司的一半。对此，波士顿著名产业分析家威廉·格利说："对于零组件成本每年下降 15% 以上的产业，这种快速的周转意味着总利润可以多出 1.8%～3.3%。"摒弃库存不仅意味着减少资金的占用，还意味着减少巨大降价风险。直销的精髓在于速度，优势体现在库存成本。特别是计算机产品的这种更新迅速、价格波动频繁的特点，更使库存成本体现得淋漓尽致。对戴尔公司的这种做法，美国著名管理学家迈克尔·哈默写道："这样的效率有助于使国家经济免受周期性的繁荣和萧条的影响。如果企业在经济繁荣时期不再生产过剩，那么当需求降低时，企业就不至于被迫减少产量，解雇工人。"库存流通不但是制胜的策略，更是必要措施，它有助于抵抗原料的快速贬值，而且现金需求较少，风险较低。

人们往往只看到戴尔表面的"直销"现象，而忽略了戴尔公司在"摒弃库存"方面的努力。戴尔公司的运营成本占总营销额的比率已从以往的10.7%下降到了9.9%，而其他主要竞争者的这个指标差不多是戴尔公司的两倍。据该公司的一位高级主管透露，戴尔公司为控制库存，采用了统一的资源规划软件。这套系统被广泛用于公司在全球各地所有的生产设施后，每一家工厂的每一条生产线，每隔两个小时就可以做出工作安排。自戴尔公司直接从客户手里拿到订单算起，产品最多在仓库里保存5天。库存量的减少对于电脑制造业来讲具有特殊的意义。个人电脑制造业的物料成本每星期下降大约1%，高库存一方面意味着占用更多资金，另一方面还意味着使用了高价物料。

戴尔公司"与客户结盟"的差异化战略

"与客户结盟"是戴尔公司差异化战略中最突出的一点。

戴尔公司对客户和竞争对手的看法是："想着顾客，不要总顾着竞争。"许多公司都太在意竞争对手的作为，因而总是会花很多时间跟在别人身后努力追赶，却没有往前看，以致忽视了顾客的需求。戴尔公司却把主要精力用在关注顾客上。对于大客户遇到的难题，戴尔公司会派自己的技术人员去帮助客户解决问题，与客户融为一体，成为客户的计算机信息顾问。

真心实意地关注顾客，是戴尔公司突出的特点。为了能够直接倾听顾客的声音，戴尔公司每周在全公司范围内举办"关心客户会"。迈克尔·戴尔自豪地介绍说："我们每周五开这种会。无论你在世界的哪个地方，

只要你在星期五走进戴尔的某个公司，你都会看到这种会议。会议的名称可能不尽一致，但目的都是一样的。"在"关心客户会"上，生产、市场营销和人力资源等部门的员工坐在一起，讨论"我们的表现是否使客户满意"。会议首先需要明确顾客想要的产品和服务，并且找出满足他们要求的方法。有时，会场还通过扬声器接通一位顾客的电话，请他提出意见、希望和见解，发表看法，然后大家一起讨论。"关心客户会"的议程还包括查找出最近出现的失误：哪个部门或环节出现了问题？出问题的原因是什么？谁来负责解决？解决问题的最后期限是哪天？迈克尔·戴尔本人每个星期都要花几个小时的时间阅读公告板，寻找客户对产品性能和可靠性的评论，他认为，作为公司领导者，光看统计数字还不够。他说："总的统计数字

肯定很重要，我们像其他公司一样，对客户进行有组织的调查。但我们还要以自己的方式走出去，获取来自各个方面的不寻常的反馈。这是窥视客户思想的另一个窗口。"迈克尔·戴尔经常抽出时间在办公楼里来回走动，碰到销售人员，就向他们了解顾客对产品的需求情况，了解客户提出的意见等。在工厂，迈克尔·戴尔与工人交谈，向他们解释公司的战略和发展方向。他每星期都要和选出来的大约25名员工一起吃一次盒饭，向他们强调客户至上的准则，并认真倾听他们的意见和建议。"我们现在是、并将永远是一家与客户保持直接联系的个人计算机制造商。"迈克尔·戴尔说，"我们成功的关键在于维持这种联系，始终把倾听客户的声音并且作出反应作为公司的立足之本。"迈克尔·戴尔坦言："远离顾客无异于自取灭亡。还有许多这样的人——他们以为他们的顾客就是经销商！我现在还对此大惑不解。"

戴尔公司把"与客户结盟"的理念渗透到公司的方方面面，实实在在地把顾客作为"盟友""自己人""伙伴"。戴尔公司通过"戴尔设备目录"向顾客提供多种外围硬件设备和软件产品，该目录每季度都会分发给数以百万计的戴尔电脑用户。他们甚至还把顾客吸收进来与公司一道改进工作、设计产品。从某种意义上说，联系一位客户，就是给戴尔公司增加了一名不发薪酬的"员工"，从感情上拉近了与客户的距离，提高了客户的满意度。迈克尔·戴尔在他的回忆录中反复强调了"与客户结盟"的奥秘："其他公司在接到订单之前已经完成了产品的制造，所以他们必须猜测顾客想要什么样的产品。但在他们埋头苦猜的同时，我们早有了答案，因为我们的顾客在我们组装产品之前，就表达了他们的需求……其他公司必须预估何种配置最受欢迎，但我们的顾客直接告诉我们，他们要的是一个软盘驱动器还是两个，或是一个软驱加一个硬驱，我们完全为他们定做。"

从某种意义上来说，戴尔公司为顾客提供的不只是电脑，更多的是服务。戴尔公司的服务体现在顾客从购买到使用的全过程中：售前，戴尔在公司网站上发布各种最新配置的价格、性能等信息，使顾客及时了解电脑行业的动态，从而方便顾客确定自己对配置的特殊要求；售中，顾客可利用传真、电话或互联网向戴尔公司直接订购，可通过互联网查到有关电脑组装及出货的进度；售后，戴尔公司将定制的电脑直接邮寄到顾客手中，顾客可以用信用卡付款，若电脑出现故障可打电话获得技术支持等。戴尔公司利用 Site Server 的会员管理功能针对不同客户提供主动的服务，每周向 100 万个客户提供45 000种不同的服务，包括 Newsletter、E-mail 及常见问答等。戴尔公司的服务体系为顾客提供的消费价值非其他同业者所能比拟，正因如此，戴尔公司拥有大批忠实的顾客。在最好的伙伴关系里，学习是双向进行的。这是戴尔公司坚信不疑的道理。戴尔公司从早期开始，就循着顾客的要求而维持正确的走向，甚至把顾客当做"老师"。在戴尔公司看来，最好的顾客不见得是最大的顾客，也不见得是需要协助或服务最少、购买力最强的顾客。"所谓最好的顾客，是能给我们最大启发的顾客；是教导我们如何超越现有产品和服务，提供更大附加价值的顾客；是能提出挑战，让我们想出办法后也可以施惠于其他顾客。"戴尔公司称这种状况为"机壳外"增加价值。"我们的最佳顾客扮演着前导指示的角色，告诉我们市场的走向，提供各种方法，让我们精益求精；他们提高标准的门槛，鼓励我们不断提升，让我们从一家销售零散服务的公司转变成一家提供整体服务的公司。"戴尔公司当然也会犯错，但是当戴尔公司犯下任何错误时，由于顾客反映比较迅速，戴尔总能因快速修正而将坏事变成好事。戴尔公司通常不会让错误恶化为更大的问题。戴尔公司之所以知道要快刀斩乱麻，是依赖于顾客所给的许多宝贵建议。

戴尔公司发现顾客很在意持有及使用个人电脑的整体成本。购买成本当然重要，也很受重视，但顾客逐渐感受到，有一些成本没有妥善处理。针对顾客的要求，戴尔公司想出了一套新模式，称为"最低生命周期成本"。这个模式涵盖了顾客在整个产品使用周期所必须负担的成本，包括从把系统运送到使用者桌上、整个使用期间、到最后被淘汰搬离桌面。戴尔公司建立了一个电脑化模拟程序，顾客可以利用它来建立整体成本的模式，找出可以省钱的地方。"最低生命周期成本"的模式，让戴尔公司可以向顾客展现直接商业模式的力量。这种解决顾客问题的创意，也增加了戴尔公司的利润，是创造双赢的最佳范例。

戴尔公司建立网站，开展戴尔在线服务的目的是最大限度地满足客户的需要，强化与客户的结盟，并通过自助服务保持与客户的联系。戴尔公司将注意力集中在"最终顾客"的直接市场活动、直接销售和直接技术支持上，为此专门建立了全面的知识数据库，里面包含戴尔公司提供的硬件和软件中可能出现的问题和解决方法，同时还有交易、处理回信和备份零件运输等的处理程序和系统。用户数据库、帮助知识数据库和产品信息都在戴尔在线得到了很好的运行。

"戴尔在线"主要负责整个公司在世界范围的互联网战略和执行情况的协调工作。"戴尔在线"的主要商业职能有四个：

第一，配置和订货。配置和订货满足了客户自定义配置电脑的需求，方便客户订购，节省时间。它的功能是提供客户自定义标准选择和网上预订。网站的核心服务就是提供配置、报价和订货选择。顾客可以方便快捷地浏览产品市场和不同型号计算机的技术信息，进行系统配置并获取系统报价，以电子方式发送订单或者检查订单状况。

第二，网上查询订单情况。它的功能是建立产品订购和发送数据库，为顾客提供订货查询。戴尔公司为等待订货到来的顾客提供订货状态信息，这样不仅使顾客节省了电话费，同时也使戴尔公司减轻了工作量，公司不用再为大量的查询订货情况的要求而扩充呼叫中心。网上查询订单情况不仅提高了查询速度，同时也减轻了呼叫中心的压力。

第三，售后服务和技术支持。它的功能是网上提供故障诊断和技术支持。戴尔公司以前一直通过电话提供 24 小时的技术支持服务。在 1995 年，公司把这一部分放到网上，顾客可以直接通过网络获得戴尔公司技术支持知识数据库里的信息。1997 年，戴尔公司又推出了更加快速和方便的网络联系方式。戴尔公司为生产的每一台计算机都分配了一个服务序列号码，只要在网站上输入这个号码，顾客就会被引导到一个在线的故障检测过程中，这一过程是专门针对顾客使用的计算机型号和制造细节进行设计的，在这里，顾客可以得到公司维修人员的详尽服务。技术支持和售后服务减少了顾客维修的麻烦，指导顾客自助进行维护和检修，提高故障检查效率，节省顾客的时间。

第四，用户个性化站点。它的功能是提供戴尔 Premier Page 服务，为顾客提供定制化网页。在 1997 年，戴尔公司开始提供一项称为"我的戴尔"的服务项目。任何顾客都可以在戴尔公司的网站上建立一个属于自己的定制化网页。顾客不仅可以选择希望出现在这个页面上的个人化信息，而且可以获得公司最新产品的相关信息以及市场扩展情况。戴尔公司提供全面定制化并有密码保护的网上站点——Premier Page，通过使用该站点提供的程序，顾客可以将戴尔网站的一部分内容引入顾客自己的企业网，使顾客获得一系列消费服务。

戴尔公司与客户结盟的内涵还包括与供应商结盟。为此，戴尔公司把"随订随组"的作业效率扩展到供应体系之中。戴尔公司的直销营运模式让公司清楚地掌握了实际销售量，因此，戴尔公司的存货量可以维持在 8 天以内。戴尔公司与供应商共享这样的优势，也用网络为重要的供应商提供快速更新的资料。戴尔公司通过网络技术与供应商保持完善的沟通，双方可以始终知道库存情况与补货的实际需求。

戴尔公司的市场战略

　　自戴尔进军中国以来，戴尔在中国的广告频频见诸于各大报刊，同时关于戴尔产品品质的投诉及对戴尔服务的不满也不绝于耳。我们有必要走近这个电脑业巨人，了解戴尔的文化，接触真实的戴尔，来证实我们是否能放心地去购买和使用戴尔产品。

　　戴尔公司是以直销方式经销个人电脑的计算机制造商，其经营规模已迅速发展到当前120多亿美元销售额的水平。戴尔公司是以网络组织形式来运作的企业，并联结有许多为其供应计算机硬件和软件的厂商。假如有供应厂商电脑显示屏做得非常好，戴尔公司将花费大量的精力和资金使这家供应商做到每百万件产品中只能有1 000件瑕疵品，并通过绩效评估确定这家供应商达到要求的水准后，才会在他们的产品上打上"Dell"商标，并取消了对这种供应品的验收、库存。类似的做法同样发生在戴尔其他外购零部件的供应中。戴尔公司的做法就是，当物流部门从电子数据库得知公司某日将从自己的组装厂提出某型号电脑××部时，便在早上向这家供应商发出配额多少数量显示屏的指令信息，这样等到当天傍晚时分，一组组电脑便可打包完毕分送到顾客手中。这样，不但节约了检验和库存成本，也加快了发货速度，提高了服务质量。

戴尔公司采用以客户为中心的市场战略，竭诚为客户提供优质服务，并拥有专业的销售及技术队伍，在不同的领域为客户提供服务，如企业、金融、政府、教育、科研等，拥有准确的市场定位。戴尔的商业模式主要是直销模式。戴尔公司根据顾客的订单装配产品，然后直接将产品寄送到顾客手中。这个模式的特点就是抛开传统商业销售链的中间商和零售商环节，节省了成本，降低了产品价格。低成本一直是戴尔的生存法则，也是"戴尔模式"的核心，而低成本必须通过高效率来实现。戴尔的生产和销售流程，以其精确管理、超高效率和流水般顺畅而著称，有效地将成本控制在最低水平。公司另一个取胜之道就是：能精确地找到高技术产品市场的切入点，迅速抢夺对手的市场份额。戴尔通常会在市场开始成熟、配件供应比较充分和行业标准已经形成的情况下介入某一市场，并以低价格迅速抢占地盘。

众所周知，戴尔是以直销模式称雄的，直接经营模式旨在建立起厂商与消费者之间直接的联系，厂商接收到消费者的订购信息后进行组织生产、安装并送货，协助客户进行安装，并提供售后服务。对于家庭及中小企业客户，大多数是通过电话直接订购；针对大型行业用户，则通过基于现场的实地销售，与其建立面对面的直接关系。无论面向哪种客户，戴尔均强调直接的客户体验。

直接经营模式的最大特点在于不经过任何经销商、代理商或终端零售商，实现了厂家和消费者之间的无缝"虚拟整合"，从而使厂家能保持高效率、低成本的业务运行，并且确保了统一的价格体系，避免了部分经销商为追求销售量而盲目降价出售而导致市场价格混乱的现象。同时消费者也能有效避开销售渠道中的种种陷阱，并实现按需和个性化的定制。随着科技的飞速发展，电脑更新换代的速度也在加速，随之而来的是全球电脑市场的竞争更加激烈。在这个市场中，戴尔始终保持着较高的收益，不断增加市场份额。1999年，戴尔公司在美国计算机制造市场的占有率达到了16%，名列全美第一；进入2002年，戴尔公司的税后收入已经高达382亿美元，在全球个人电脑市场上，戴尔的占有率已经上升到了15.2%，成为该行业世界第二大公司。与其他计算机厂商不同，戴尔公司并不生产任何计算机配件，只从事个性化的整机组装，然而它却战胜了IBM、惠普、康柏等众多技术实力雄厚的公司。

戴尔的成功不仅得益于"直销模式"，更源于其效率超乎寻常的物流管理——建立起一条高速、有效的供应链。"我们只保存可供5天生产的存货，而我们的竞争对手则保存30天、45天，甚至90天的存货。这就是区别。"戴尔公司分管物流配送的副总裁迪克·亨特一语道破天机。

机动灵活、成本低廉的配送系统可以减少固定资产投资，加速资本周转。企业自建物流需要投入大量资金购买物流设备，建设仓库和信息网络等专业设备，这些设备对于缺乏资金的企业特别是中小企业是个沉重的负担。而如果使用第三方物流公司，不仅减少了设施的投资，还解放了仓库和车队方面的资金占用，加速了资金周转。供应链系统的动态供需平衡又能稳定供货商及客户，确保在任何时候都能应付自如，让公司不出现供货紧张或滞销的现象。

电子化贯串整个供应链流程。大企业的网络一般也比较大，网管分得很细：负责某些业务系统服务器的、负责网络安全的、负责交换路由的等。每个企业的情况都不大一样，但基本上都会分为网络、主机两大方面，服务器、存储相关的软硬件一般是在主机里面，路由、交换、防火墙、负载均衡等一般在网络里面。

虽然戴尔的商业模式造就了"戴尔热"，但是其中也存在问题。如：1. 戴尔直销模式在四、五级城市及中小企业等新兴市场销售乏力；2. 直销模式不适用于中小企业市场、新兴市场、消费市场；3. 戴尔中国分部希望渠道变革，戴尔总部一直犹豫未决；4. 人才流失严重，戴尔在中国 PC 市场的份额不断下滑；5. 网站的页面过于单一，产品简介不够详细，不够系统化、明了化。

虽然出现了上述问题，但戴尔公司利用互联网进一步推广其直线订购模式，再次处于业内领先地位。戴尔在 1994 年推出了 www.dell.com 网站，并在 1996 年增加了电子商务功能，推动商业向互联网方向发展。基于微软公司 Windows NT 操作系统，戴尔运营着全球规模最大的互联网商务网站，该网站的销售额占戴尔公司总收益的 40% ~ 50%。戴尔的 www. dell. com 网址在全球 80 个国家建有站点，目前每季度有 4 000 多万人浏览。客户可以评估多种配置，即时获取报价，并得到技术支持。时不我待、只争朝夕的理念，求真务实、雷厉风行的工作作风，按时按量、保质保效完成各项任务，是戴尔公司制定市场战略的精髓。

戴尔公司分销渠道的开辟

2007 年，戴尔打破了沿袭已久的单一直销模式，走进沃尔玛、家乐福、国美等大卖场；并自 2008 年 1 月起在英国 TESCO 连锁超市位于英国、爱尔兰等国的数千家门店销售戴尔笔记本和台式电脑。

在选择分销渠道的时候，戴尔的做法有别于竞争对手。联想、惠普等公司把持了传统的 IT 分销渠道，如神舟数码、英迈国际等，戴尔很难从中杀出一条血路。因此戴尔选择了同 3C 渠道进行合作，这样做最大程度上避开了对手的锋芒。

2007 年 10 月，迈克尔·戴尔在接受媒体采访时表示，分销带来的新收入已经滚滚而来。戴尔的新渠道业务规模已经达到90亿美元，这是很多人所没有想到的。

在中国市场，戴尔将赌注押在了家电连锁大鳄国美电器的身上。2007年9月底，戴尔同国美签订合作协议，国美将作为戴尔在中国的独家分销合作伙伴，担负起将戴尔电脑销售给中国个人消费者的任务。国美电器在国内拥有近千家门店，这正是它吸引戴尔之处。

遍地开花的体验中心也是戴尔新思维的体现。目前戴尔在中国的体验中心已经达到了23家。据戴尔中国公关部的人士透露，凡是开设戴尔体验中心的城市，其产品销量都在短期内得到了明显提升。

展示店仅仅是一种展示手段，戴尔公司只是要通过它直接向消费者销售商品。戴尔公司刚刚在俄罗斯、匈牙利设立了不同于展示店的实体零售店。"在匈牙利，网上购物还不像美国和西欧那样普遍，因此实体零售店的作用非常重要。"戴尔的匈牙利业务经理泰玛·达姆安说。在莫斯科和布达佩斯设立实体零售店，是戴尔试图通过改变传统销售模式进入新兴市场的最新尝试。虽然戴尔不肯透露在其他国家设立实体零售店的具体计划，但种种迹象表明，设立实体零售店已势在必行。

中国将是主战场之一。"2008年，戴尔在中国覆盖的城市数量将从45个拓展到几百个，最终目标将达到1 000个城市。"史蒂芬·菲利斯说。

没错，这就是戴尔即将在中国实施的"千城计划"，对于这个近似疯狂的计划，很多人都会对戴尔公司表示惊叹和怀疑。史蒂芬·菲利斯解释说,对于这1 000个城市的拓展，戴尔仍将主要采用直销模式，零售渠道、体验中心以及其他非直销模式将只是一种补充。在客户比较集中的大中城市，戴尔将沿用网络、直邮、电话等直接模式，并强化广告宣传；而在客户较为分散、网络和电话不太发达的中小城市和乡镇，则会选择渠道伙伴。

史蒂芬·菲利斯透露说，为了发展渠道分销模式，戴尔公司从业内聘请了一位专家级的高级管理人员，负责戴尔在亚太地区的渠道伙伴发展计划。

变革的气息弥漫着整个戴尔公司。"戴尔品牌形象的改变已经开始。"马克说，"每个季度你都能看到新的变化。"经过一年的时间，迈克尔·戴尔已经成功地将变革观念和危机感传递给了公司的每个人。中国戴尔公司的一位中层管理人员说："公司现在上下一心，已经作好了重新挑战的准备。"

在变革销售模式的同时，戴尔公司也同对手展开了激烈竞争。它最难以对付的当属惠普，在超越戴尔之后，惠普继续采取稳扎稳打的竞争策略，在强调个性化、国际品质的同时，将价格拉到更为平易近人的水平，同时也向中小企业这样的新兴市场发起了进攻。根据IDC的报告，2007年第三季度，惠普在全球PC市场的份额达到了19.6%，戴尔为15.2%，要想拉近这个差距，戴尔必须付出难以想象的努力。

对戴尔来说，前进的途中没有回头路。从进军消费者业务到改进设计，从发力新兴市场到加大笔记本业务筹码，戴尔采取了一系列措施想要重新恢复PC业领袖的荣耀，但戴尔公司还要一段相当长的时间耐心等待。倘若竞争对手不犯什么大错误，这个过程恐怕还要更长一些。

果决的执行力将在其中扮演关键角色。为了推动公司上下对互联网的重视，戴尔曾经安排在公司内部到处张贴一张大海报，在海报上，戴尔本人一脸酷相，半侧着身子，一手直指向画外，并且印了一行大字："Michael wants you to know the Net（迈克尔希望你把互联网搞通）"。现在，迈克尔·戴尔必须再次拿出这种昂扬的姿态，带领戴尔走向复兴之路。

第五章　发生在戴尔公司的故事

　　人总是会遇到挫折，人总是会走向低潮，人总是会有不被人理解的时候，人总是会有低声下气的时候，这些时候恰恰是人生最关键的时候，因为大家都会碰到挫折，而大多数人过不了这个门槛，你能过，你就成功了。在这样的时刻，我们需要满怀信心地去等待，相信生活不会放弃你，机会总会到来。

PC 冠军再度发动攻击

在竞争激烈、高手如云的 PC 产业世界里，戴尔公司以其高效的供应链体系、直接的交易模式、数字化的考核机制和强硬的执行力脱颖而出，并最终成为万众瞩目的 PC 销售冠军。但 PC 业没有常胜将军，在出现几次失误之后，戴尔公司被惠普反超。2007 年，惠普不但夺回了冠军的奖

杯，同时将自己和戴尔之间的距离进一步拉大，这对于争强好胜的迈克尔·戴尔来说是一个巨大的刺激。为了重振旗鼓，戴尔公司进行了一场内部革命，迈克尔·戴尔复出，并引领了一项名为"Dell2.0"的复兴行动，他不但亲手将自己创造的单一直销模式进行了改变、大胆引入了分销体系，而且将以前旧有的品牌形象打个粉碎，与惠普、苹果等品牌在时尚方面展开火热竞争。

在竞争对手变得更加成熟的时候，要想将戴尔公司重新送回快车道并非易事。迈克尔·戴尔带领他的团队团结一心，把所有精力都用于开拓新的业务。

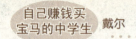

这位昔日的 PC 冠军是如何向旁落的王位重新发动攻击的呢？

12 月中旬的上海，空气中透出层层寒意。戴尔公司 CMO（首席市场官）马克·贾尔维斯（Mark Jarvis）却是一身夏季装扮，刚进入酒店会议室，他便脱掉了身上的西服上衣，只穿一件短袖 T 恤，整个人看起来富有运动活力。"上海没有我想象中那样冷，也许是会议进行得太热烈了，整个上午我都坐在这里和同事谈论中国市场的未来。"在谈到中国市场时，马克说："这绝对是一块令人兴奋的市场，我们的预计是，7 年之后，中国 PC 市场的容量就会比今天全球前 10 大市场容量的总和还要大。"

马克是戴尔公司历史上第一位 CMO，在他之前公司从未设立过这一职位。马克的位置被安排在距离迈克尔·戴尔只有 20 米的办公位上，这便于戴尔随时和他进行面对面的沟通。在他上任之后相当长的时间里，这位被戴尔从甲骨文公司挖过来的人物便一直处于外界的目光之外，他一直潜心研究一个问题：如何让戴尔品牌焕发旺盛生机。

这是一个生死攸关的问题。之前，马克·赫德率领惠普军团，将戴尔公司盘踞的全球 PC 冠军宝座抢到手里，此举不仅夺取了戴尔公司的大量地盘，戴尔的品牌价值也受到强力挑战。2007 年 4 月，跨国品牌调研及咨询公司 Millward Brown 发布了"BRANDZ100 全球最强势品牌"，戴尔公司以 139 亿美元的品牌价值列第 37 位，与上次评选相比其品牌价值下滑了 24%。

改革已经迫在眉睫。对于戴尔公司来说，整个 2007 年都处于剧烈的变革当中。PC 冠军的旁落在戴尔公司内部引发了一场"地震"，CEO 罗林斯在董事会的压力下被迫辞职，公司创始人迈克尔·戴尔重掌帅印，并开始彻底整顿戴尔公司，实施了一系列名为"Dell2.0"的变革措施。一年时间过去了，戴尔的改革计划取得了怎样的成效呢？戴尔公司是否已经跨入了其"2.0"时代？

高管变动、品牌价值缩水、业绩增长减缓，这一系列的困难让戴尔公司背负了来自华尔街投资者的巨大压力。2007 年 12 月初，戴尔的 2008 财年第三季度财报飘红，这才使戴尔公司稳住了阵脚。财报显示，该季度戴尔公司总收入 156 亿美元，创下历史最好业绩，营业利润达到 8.29 亿美元。迈克尔·戴尔表示："第三财季的财报表明，通过投资五项战略重点，包括消费者业务、新兴市场、笔记本电脑、企业级和中小企业市场业务，我们取得了稳健的进展。"

这份财报可以说是为"Dell2.0"战略的初期表现画上了一个红色的钩。一位业内分析师指出："戴尔在供应链管理等方面仍然具有独特的优势，不过在细分市场方面戴尔则需要好好进行梳理。"消费者业务、笔记本电脑、新兴市场、企业级和中小企业市场正是迈克尔·戴尔的新战略的核心内容，2007 年公司的各项举措均围绕这些细分市场而展开。

这些挑战中最具难度的是消费者市场。戴尔公司以往的骄傲自大导致其疏远了该领域中许多潜在的顾客，公司需要重新赢得个人消费者的芳心。对此，戴尔重组了公司的消费者业务，并根据个人消费者的特殊需求对公司的产品设计进行了大胆的革新，譬如推出彩色外壳的笔记本。

新兴市场的成败将关乎 PC 企业未来的生死存亡，戴尔本人也意识到了这一点。2007 年，戴尔强化了在新兴市场的投入，这一招取得了立竿见影的效果。戴尔亚太及日本区总裁史蒂芬·菲利斯表示，截至 2008 财年第三季度，新兴市场的收入已经达到公司整体收入的 46%，其中，在中国、俄罗斯、巴西、印度 4 个国家的综合收入就上涨了 32%。

笔记本电脑替代台式机的趋势愈演愈烈，戴尔公司希望成为这一潮流的受益者。"未来 7 年内，笔记本电脑市场将以 6 倍于台式机的速度增长，戴尔则计划进一步提高这一增速。"史蒂芬·菲利斯说。戴尔公司加强了笔记本产品的研发投入和更新换代的速度，2007 年 12 月，戴尔的 XPSM1330 笔记本受到美国《时代周刊》的青睐，并形容它为"梦幻产品"。

对于企业级业务，戴尔公司的做法是在稳住大企业客户的基础上开辟第二战场——中小企业市场。2007 年，戴尔公司将中小企业客户首次作为独立的客户群分类，并有针对性地推出了"Vostro"品牌。为了增强对企业客户的吸引力，戴尔还进行了一系列收购，包括 EqualLogic、Silverback 等公司。

　　与此同时，戴尔公司一贯高效率的生产线渐入佳境。戴尔已经将制造中心迁移到中国、印度等发展中国家，并充分利用那里的廉价劳动力优势。2005 年，戴尔在中国的第 1 000 万台计算机在厦门工厂下线；2007 年上半年，戴尔在中国的第二家工厂也开始运转，它使戴尔在中国的生产能力提高了整整一倍。新产品不仅可以供给日益增长的中国市场，还可以通过海运出口到日本、韩国等地。

　　戴尔的印度工厂也开始加足马力。"2006 年 12 月的时候，印度工厂的所在地还是一片烂泥地，但到了第二年 8 月，一座崭新的戴尔工厂已经建成投产。"史蒂芬·菲利斯说，"截至 2007 年第三季度末，该工厂已经向当地市场交付了 6.5 万台台式电脑。"

　　这一系列动作的实施表明，戴尔作为全世界最强大的电脑公司，已经为它历史性的转变揭开了帷幕。

在倾听中成长

　　企业总是在与顾客交往和沟通的过程中不断成长壮大，学会倾听客户的声音对于企业的发展有重要帮助。

　　2005 年 6 月，美国互联网作家杰夫·贾维斯在自己的博客上发了一篇博文，题目叫"戴尔真烂"，博客中说他买了一台戴尔电脑，并且花钱买了 4 年的上门服务。但是买回来却发现是次品，于是就要求上门维修。戴尔的回复是需要用户自己把电脑送到公司来，并且维修时间是 7～10 天。于

是贾维斯生气了，在自己的博客上说："戴尔真烂！戴尔撒谎！请把这两句话放进你们的谷歌搜索中，让戴尔大曝于天下吧！"

　　戴尔公司的人看到了这篇博文，但是他们没有学会倾听，对于博客，他们只看不理。

　　于是更多声讨的帖子铺天盖地地指向戴尔。网友甚至创造了一种互联网语言，把那种架子大、不接受倾听的现象调侃为："你被戴尔了！"

　　更为糟糕的是，同一篇抱怨的文章积累到上万次的浏览量以后，排名不断靠前，占领了戴尔关键字的首页。戴尔的活力开始下降，用户的满意度也跟着下滑。这就是美国互联网历史上著名的"戴尔之痛"。2006 年 7 月，戴尔开设了自己的博客"直通戴尔"，首席博客主链接并且回应对戴尔提出批评的网友，他开诚布公地表示："我们是真诚的人，我们愿意倾听。"此后，戴尔开始学习倾听。

　　就在同一个月，即 2006 年的 7 月，Twitter 正式向公众开放。戴

尔吸取了教训，认真研究 Twitter 的本质和它的特点。戴尔公司在最初并没有想利用 Twitter 赚钱，只是想把它当做一个倾听的渠道。他们总结自己的教训，研究了 Twitter 的倾听特质，并努力转化为自己公司的文化。几年以后，戴尔逐渐在 Twitter 上学会了倾听，并且成为第一个在 Twitter 上实现销售的公司。倾听使戴尔的信誉得到了保证，并开辟了新的公司文化。

戴尔公司获得双重荣誉认可

2006 年，戴尔公司喜获中国国家商务部和外商投资企业协会授予的"2006 年度优秀外商投资企业"及"履行社会责任贡献突出奖"两项殊荣。

颁奖表彰大会在北京人民大会堂举行，全国人大常委会委员、中国外商投资企业协会会长、全国人大财经委副主任委员石广生主持会议，商务部副部长魏建国等领导出席并颁奖。"2006 年度优秀外商投资企业"的遴选依据企业的销售收入、出口额和税收贡献等多项指标来确定，评选结果客观全面地反映了外商投资企业对中国

和企业驻地的经济贡献。戴尔公司作为 30 家优秀外商投资企业之一，从几千家候选企业中脱颖而出，赢得了中国政府授予的殊荣。

戴尔公司副总裁、大中华区总裁闵毅达表示："自 1998 年戴尔开始在中国开展业务以来，我们致力于为中国经济作出贡献，并将继续下去。目前，根据商务部的统计，我们跻身中国的十五大外企之一，在中国的员工超过六千人，在厦门、大连、上海等地设有工厂、服务中心和设计中心等。今天我们获得这一荣誉，体现了戴尔长期以来致力于促进中国工业生产、就业、税收和 GDP 等方面的发展而获得的认可，我们也因自己能够对中国经济增长作出贡献而感到十分自豪。"

中国政府为外商投资企业的发展提供了良好的环境，中国的改革进程也不断推进了戴尔的发展。同样，戴尔在中国也积极履行着一个优秀企业的责任与义务。在商务部和中国外商投资企业协会严格的挑选中，戴尔公司在依法诚信经营、重视环境保护、重视知识产权、长期支持社会公益事业、维护员工权益等多项指标中胜出，荣获"履行社会责任贡献突出奖"。这是对戴尔公司植根中国、融入中国、回报中国的努力和贡献的充分肯定。

戴尔公司副总裁、大中华区总裁闵毅达表示："我们开展的履行社会责任行动就是要展现戴尔根植中国，与中国一同发展、一起腾飞的决心，将所在的社区视为自己的家园，为社区奉献自身的才智和资源。我们也鼓励所有其他跨国公司一起加入肩负社会责任的活动中来，与中国携手并肩，在未来取得更大的成就并作出更大的贡献。"

戴尔公司将把企业的社会责任作为企业文化中很重要的一个组成部分，并以实际行动履行了积极投身公益事业的长期承诺。2006年，公司向中国的社区公益事业共捐赠了价值150万元人民币的设备和基金，其中包括在北京、上海和厦门建立了三个戴尔学习中心，在厦门设立来厦务工人员子女电脑知识培训班等。2006年，共11 000名戴尔中国员工志愿者参加了总计近12 000小时的各种慈善和社区活动。同时，戴尔公司积极投身环保事业，成为中国首家为个人消费者提供免费回收服务的电脑厂商，而且积极致力于减少有害物质的使用，推广"碳平衡"、能源节约和戴尔"为我种棵树"计划，减少电脑产生的二氧化碳，保护和美化环境。

人们眼中的戴尔公司

为什么世界惊呼"撼山易，撼戴尔难"？回答是戴尔模式。世界上有很多研究者在讨论戴尔模式时，得出的结论千奇百怪，但戴尔模式真正的核心是：直接模式、标准化、低成本、高品质。

戴尔的直接模式和直销模式有本质的区别，后者只不过是销售的扁平化尝试，而戴尔的直接模式有两层含义：一是直接面向原材料供应商，二是直接面向客户。在这一模式中，戴尔建立起了一套全球供应链系统和流程的标准化管理。"在戴尔，它的每一个产品都有订单，它通过

成熟的网络，每20秒整合一次订单。"在这种模式下，戴尔通过其标准化的管理，打造了强大的客户凝聚力，以此作为其叫板供应商的杀手锏。戴尔通常一年最少能销售5 000万台电脑，那就需要采购5 000万个显示器、5 000万个硬盘、5 000万个网络适配器等，这么大的订单对任何一家供应商来说都是非常大的蛋糕。在这种情况下，戴尔处于强势地位，要求供应商必须按照戴尔的标准来执行，例如，必须满足"随要随到，随时送货"；而且戴尔不是一次采购，而是小批量进货，例如，一次进货5 000个，或者10 000个，但总体采购量不变，完全根据订单来要求供应商送货。另外，戴尔要求供应商必须每年进行成本强制性削减与品质强制性提高，否则将解除其供应资格。为了满足戴尔的"零库存"需要，供应商必须在戴尔工厂附近建立仓库，以快速响应戴尔强大的客户凝聚力和庞大的定单资源。而且原材料在没有进入戴尔的加工厂之前，其所有权归供应商，即此时一切费用仍由供应商承担。对于物流商来说，戴尔的要求同样苛刻，例如，要求在两天内必须以最低成本、最安全方

式、最快速度把产品送到客户手中。

令人扼腕的是，当戴尔在快速成长的时候，我们的民族骄傲——联想却不止一次地犯着大的战略错误，从进军多元化失利，到回归PC。戴尔说过："戴尔能够成功，不是因为我们厉害，而是因为我们的对手总是在犯着这样那样的战略错误。"不仅是联想，包括原来PC的老大康柏收购DEC、惠普收购康柏，都在不止一次地犯战略错误。

当康柏收购DEC时，对手们都信心十足地说戴尔是一家不值一提的公司；当惠普收购康柏时，惠普的CEO卡莉甚至说"戴尔是一家不怎么样的公司，充其量是一家销售公司"；当联想的CEO柳传志在2000年誓师大会上宣读《联想大旗永远飘扬》时，也在说戴尔不过是一家卖电脑的对手而已。而今天，康柏消失在了历史的舞台上，惠普不仅PC失手而且其利润核心的打印机业务也受到戴尔的低成本威胁，朝不保夕；蓝色巨人IBM永远地退出了PC；20年来，联想还在中国本土苦苦挣扎。

戴尔的思路是清晰的，他以最有效的方式满足市场需求，市场还会拒绝他吗？

戴尔公益　教育先行

戴尔全球捐赠与社区项目总监 Deb Bauer 女士强调，"关注青少年教育是戴尔企业社会责任中最重要的支柱之一"。2008年，戴尔公司最高层决定，每年会把戴尔税前利润的 1% 作为 CSR 项目的投入，而相关投入主要会放在捐赠与社区项目上。

2009 年 11 月，戴尔在中国启动了其"全球青少年互联创未来"项目，该全球性项目旨在支持落后地区青少年的教育和数字融合。作为该项目在中国的合作伙伴——中国青少年发展基金会和中国教育发展基金会将获得戴尔捐赠的现金和先进的电脑系统以及技术服务，总价值 200 万美元，以支持中国青少年在自然科学、数学和 IT 技术方面的教育和培训，帮助提高中国落后地区青少年的计算机技术教育，促进数字技术在教育领域的应用。

在"全球青少年互联创未来"项目启动前，自 2006 年起，戴尔在中国已捐赠价值 74 万美元的产品和服务，在中国的 15 个城市的外来务工人员子弟学校捐建了 25 家戴尔学习中心，已有 26 000 多名学生受益。

此外，在教育部的支持和指导下，戴尔还与中国教育发展基金会合作，实施了互联课堂项目。中国教育发展基金会利用戴尔捐助的资金及实物建立了 50 间配备信息及通讯技术（ICT）的学习教室，从而建立以学生为中心、兼备探索性和合作性的学习模式。

选择北京市、上海市、四川省成都市、广东省广州市、吉林省长春市、辽宁省大连市、福建省厦门市的 50 所小学作为项目学校，针对其 4 ~ 6 年级的学生（10 ~ 12 岁），鼓励教师在 ICT 的支持下开展以学生为中心的探究学习、城乡互动学校间的协作学习和项目学习（Project-Based Learning），让 ICT 与科学、语文等学科整合，通过"基于项目的学习（Project-Based Learning）"的教学方法，让学生主动参与项目学习活动。学生通过协作交流、项目实践、实验探究与观察来实现知识建构。通过这些教学实践活动，发展学生的 21 世纪技能，转变学生的学习方式，并形成可以分享和交流的教学案例。

参与此项目的 50 家学校形成了一个城乡师生相互学习与交流的网络社区，通过对学生项目的交流和评选，分享教学经验，促进城乡师生的交流与协作。

本项目通过应用 ICT 技术，创建基于网络的、全球视野下的教

育环境，共享优质教学资源，通过建立城乡师生学习共同体，探索
ICT 支持下教师专业发展的有效模式，开展以学生为中心的探究学
习、发现学习与合作学习，让学生真正成为认知的主体，突破了传
统教学中的"教师、课程、课堂"三个中心，实现以"学习者、经
验、活动"为中心的学习，培养学生的学习技能和生活技能。开展
城乡学校间的对话与交流，将城乡学校的差异转化为相互学习的资
源，促进教育均衡发展，为促进教育公平、实现教育创新提供有效
的策略与实践经验。

戴尔还通过农村教育行动计划（REAP）投入 50 万美元的计算
机设备支持，在陕西的寄宿制小学中进行计算机辅助教学研究，帮
助农村地区学校提高教育水平。

同时，戴尔公司鼓励和支持员工参与社会公益活动。戴尔"共
创美好明天"项目规定，对于一个季度参与社区服务或公益事业 10
小时以上的员工，公司给予 150 美元的奖励。

"关注教育发展，员工积极参与"，不仅为戴尔的企业社会责任
和公益事业注入了长久的生命活力，而且也使戴尔收到了良好的社
会效果。

2011 戴尔阳光创富学堂

　　"2011 戴尔阳光创富学堂"项目是戴尔响应国家"科技兴农"的号召，以戴尔植根中国的企业理念、领先的 IT 技术，深入农村传播 IT 知识，丰富农村生活并促进农村发展的一项活动。

　　"2011 戴尔阳光创富学堂"项目在四川江油启动，之后的几个月中，在全国主要省份数十个 5 至 6 级城市举行百场巡回路演，努力将最全、最新的

电脑知识和科技信息送到农民朋友手中，促使电脑真正成为推动农民致富的重要工具。

　　"近年来，戴尔看到国家颁布了一系列加速农村发展和改善农民生活的政策措施，也看到了广大农民朋友希望掌握科学技术、丰富文化生活的迫切需求。"戴尔中国公司西区销售总监李洵表示，"作为国际领先的 IT 公司，戴尔非常愿意将自身的国际化前瞻视野、领先的产品技术、便利的渠道与服务支持以及帮助发展中地区创富的经验优势，与中国各级政府及广大农民朋友进行分享，推动农村信

息化建设，普及农村电脑教育，丰富农村科技文化生活，真正使广大农民朋友提高生活水平！"

自戴尔成为国家电脑下乡中标厂商后，就积极统筹各方力量进行准备。除完整齐备的配套服务和产品选择外，戴尔依据农村市场的实际需求，为农民用户量身定做了"2011戴尔阳光创富学堂"全国巡展活动。该活动以"科普课堂"为依托形式，将"电脑使用常识""互联网应用"等科技致富工具融入其中，并在活动现场设有让农民朋友随时参加培训的教学课堂、大篷车产品展示以及互动体验，同时提供售前售后服务咨询、免费除尘维修、免费软件更新下载等现场服务。

戴尔作为全球销量领先的IT厂商，以卓越的质量、贴心的服务和灵活的渠道而受到业内同行和广大用户的认可，这也使戴尔在这次电脑下乡活动中具有不可比拟的优势。2011年戴尔共有52款产品入围国家"家电下乡"项目，同时针对农村使用电脑的条件，戴尔特别定制推出了具有防浪涌及雷击、宽电压范围的台式机"灵越560s"以及超高性价比笔记本"灵越14V"两款明星产品。除领先的硬件产品之外，戴尔还配有长效杀毒工具、一键系统恢复等多款增值软件以及适农服务软件、培训软件和详细的使用手册，极大地方便了农民朋友学习掌握计算机基本知识和应用，使农民朋友可以轻松获取农业、农技和教育等众多信息。

"'戴尔阳光创富学堂'为广大农民朋友送来知识，送来技能，送来服务，我们中国消费者协会非常支持也将积极配合戴尔公司贯彻执行此项目，希望更多 IT 企业加入'改善农民生活、帮助农民致富'的队伍中来。"在启动仪式上江油市消费者协会领导对"2011戴尔阳光创富学堂"给予高度评价的同时，强调"售后服务是决定农村消费者满意程度的重中之重，希望电脑下乡中标企业能够更加拓宽针对农村消费者的服务渠道，提供配套适农服务培训活动，不断提高服务质量与水平"。对此，戴尔大中华区消费及中小企业事业部客户服务总监谢兆民表示："戴尔的销售渠道和售后服务已经为下乡电脑作好了积极准备，除戴尔上门维修服务、电话技术支持以及戴尔网上技术支持以外，戴尔在全国范围内拥有超过 10 000 家戴尔直营店，在县城及乡镇设有超过 1 100 家戴尔维修服务站，拥有完善的售后服务体系。戴尔计划到 2011 年年底戴尔维修服务站增加到2 000 家，依托遍布全国县乡的维修服务站，打造便利农民、适合农村的戴尔贴心服务。"

"2011 戴尔阳光创富学堂"全国行活动不仅是将电脑产品，更是将最新的科技资讯带到了农民朋友身边。在提高农村电脑使用知识的普及率和技巧的前提下，戴尔希望通过这个项目帮助更多的农民朋友真正地获得改善生活质量和成就个人目标的力量。这正是戴尔品牌精神"激发无限"的最好诠释和实践。戴尔将继续不遗余力地加大电脑下乡的投入力量，为中国的农民用户打开一扇通向高科技的信息之门，并帮助农民朋友过上更加幸福和富足的新生活。

戴尔——第一家"碳中和"IT 公司

2007 年，迈克尔·戴尔提出"将戴尔建成地球上最环保的科技公司"并推行绿色改革时，很多人都对戴尔的环保理念产生了质疑。

在环保观念尚还薄弱的中国市场，戴尔面临的挑战是如何将业务发展与环境保护有机地结合起来。经过两年多的努力，这种疑惑得到了解答。无论是在全球还是在中国，从产品设计到包装，从公司内部运营到绿色产业链，戴尔一点一滴地绿化着自己，成为全球第一家实现"碳中和"的 IT 公司。

虽然戴尔正在进行由硬件到服务的转型，但并没有减弱绿色硬件的开发力度。戴尔的新一代产品都被打上了节能的烙印，某些产品与上一代相比电力损耗更是减少了 80%。

例如，与上一代 OptiPlex 系统相比，新款 OptiPlex980 的性能提高了 35%。凭借高达 90% 的电源使用率，OptiPlex980 能够显著减少耗电量，帮助降低能源成本。除此之外，与前几代产品相比，它还采用了更多的可回收材料。同时，为了减弱对环境的影响，戴尔公司已经在 E4300、LatitudeE4200 等电脑上安装了无汞的 LED 显示屏，并逐渐将此项技术应用于所有的笔记本电脑。

即使在产品包装的细节上，戴尔也有许多环保特色，其 Inspiron-MINI10 和 10v 上网本的包装采用产自江西省的竹子，是第一家采用竹子包装产品的 IT 企业。戴尔大中华区总裁闵毅达预计，从 2008 年开始实施的绿色包装战略，4 年内能减少大约 1 万吨的包装材料，同时可节省 800 万美元的成本。

戴尔同时也是国内首家免费回收电脑设备产品的公司，以确保电子产品的回收处理能采用安全并适当的方式来完成。2009 年 5 月 12 日，戴尔宣布禁止向发展中国家出口电子废弃物，成为首家做出此承诺的电脑制造商。截至 2009 年，戴尔公司从全球已经回收了 2.9 亿磅设备，希望到 2014 年实现 10 亿磅的设备回收目标。

在公司的内部运营管理上，戴尔也千方百计减少耗能。戴尔公司从全球的机构所购买的总电量中，已有 25% 来自太阳能、风能等可再生能源，其中设在美国和欧洲的 7 个数据中心全部采用可再生能源供电。

同时，为了避免对电能的浪费，戴尔在全公司实施了一项能源管理项目，在夜间和机器处于非工作状态时自动关闭用电设备。2009 年，戴尔通过减少全球的用电量已经节省了 580 万美元的开支，足够为 4 000 个普通美国家庭供电一年。

戴尔通过对供应商和合作伙伴提出严格的环保要求，积极打造绿色产业链。"我们要求每个供应商都报告碳排放，一旦得到这些数据，我们会指导他们采取更多措施，并且不断跟踪其执行情况。目前，绿色已经是我们选择和确认合作伙伴的重要标准。"闵毅达说，"在产品生产时，我们都会提交一个严格的清单。例如我们要求供应商提供他们的绿色能源与矿物能源的比例，要求每个供应商报告生产的每台 PC 或者零部件耗能或者用电是多少。我们还要了解他们的排放和回收措施以及废物处理情况。我们也要求他们出具第三方报告，包括是否已经主动采取了与环境相关的绿色行动。总之，我们认为，供应链变绿是一项巨大而伟大的工作。"

戴尔公司的转型

戴尔在 PC 领域的成功，并不代表他一直在 PC 领域里发展。戴尔目前正在积极进行企业转型——选择进军多个不同的领域。

2011 年 7 月，戴尔宣布，与英特尔联合建立的信息化解决方案

中心在中国的成都落成，以推广戴尔在教育、医疗、云计算以及移动政务方面的领先技术。2011年7月初，戴尔在得克萨斯开设了北美第一家解决方案中心；7月27日，戴尔在北美的第二家解决方案中心在弗吉尼亚州建成。

这是戴尔全球转型计划的一部分。此前，戴尔宣布，将在2012财年投入10亿美元用于推出解决方案、服务的交付方案。

戴尔正在将自己变成一家企业解决方案公司。

不管曾经在PC的世界里获得过怎样的辉煌，迈克尔·戴尔都不准备再执著于此了。

在2008至2009年度，戴尔几乎"独力承担了PC业遭受的经济衰退冲击"。该公司从全球发货量第二的位置下滑到第三位，落后于惠普和宏碁（Acer）。

这就是迈克尔·戴尔本人在2007年重归戴尔的原因，他炒掉了在直销时代立下汗马功劳的CEO凯文·罗林斯，并着手进行改革。他常常在深夜与部门负责人沟通新业务，希望研发智能型手机和音乐播放器等小型设备，就像创业初期那样忘我工作。

但对于戴尔来说，个人消费和PC市场都已经太过拥挤了——坚持直销和低价战略也没有改变戴尔的处境，在零售店和网站上销售PC的措施同样于事无补——戴尔8%的成本优势已经缩小至2%。

戴尔的困境也许与某些自身完全无法掌控的事情有关：戴尔仍然拥有高效的供应链，但其他厂商也逐渐学会了如何提升供应链战略。

2009 年，迈克尔·戴尔重返 CEO 职位两年来，戴尔股价下跌了 35％。这位 45 岁的创始人必须接受这样一个事实，智能手机和平板电脑的飞速发展，将迫使戴尔公司不得不"远离最知名的 PC 产品"。

戴尔说："随着个人电脑逐渐成为日用品，提供外包和咨询服务对硬件厂商来说变得愈显重要。戴尔需要寻求多元化发展。"这也是戴尔开发基于谷歌 Android 操作系统手机的原因。2009 年年底，戴尔成立了一个新的业务部，致力于开发通讯及移动设备以及移动互联网设备的软件产品。

此间，迈克尔·戴尔通过对公司的业务架构进行了多次调整和陆续裁员，公司的总体运营成本降低了 16 亿美元，但离 40 亿美元的成本削减计划仍有较大差距。

戴尔必须果断出招，减少对低利润产品的依赖。

此前，戴尔与中国台湾的鸿海集团签署了一项收购协议，戴尔将向鸿海旗下富士康出售其在波兰的一个 PC 工厂以削减成本，并关闭了位于美国得克萨斯奥斯汀的 PC 制造工厂，又将欧洲生产基地由爱尔兰转移到波兰，还关闭了北卡罗来纳州的一家台式机制造工厂。

当 PC 不再是推动公司利润高速增长的产品时，戴尔需要的是将产品与全新的市场结合在一起的能力，否则，他获得的只是一些产品和技术的碎片，而不是真正能让用户买单的解决方案。

软件和硬件的结合，已经成为 IT 业新的商业哲学。

戴尔不惜重金挖来的 IBM 并购专家并表明：戴尔公司正迫切需

要通过收购来为公司注入新的动力。"进一步采取收购行动将帮助戴尔拓展其销售渠道并扩大业务规模。"他说。

事实上，从 2006 年以来，戴尔已经收购了 10 多家公司，其中包括在 2007 年斥资 14 亿美元收购的存储厂商 Equal Logic；2009年，戴尔花费 39 亿美元收购了 IT 业服务公司 Perot Systems；2010年，戴尔花 9.6 亿美元收购了 Compellent Technologies。"戴尔的并购战略很有选择性"，戴尔 CFO 布莱恩·格拉登（Brian Gladden）表示，戴尔会在软件领域进行更多收购，同时将通过收购增强其在存储业务领域的实力。戴尔 2011 财年收购了 8 家公司，包括信息安全公司 Secure Works. Inc。

除了准备 101 亿美元的现金资金和短期投资以外，戴尔还通过发行债券进行融资，进一步提高自己的收购能力。其收购领域包括存储、虚拟化、数据中心、软件、云计算服务、信息安全等。

迈克尔·戴尔希望通过收购和资产整合，使戴尔具备迥然不同的能力。他希望通过下一代数据中心、信息数据保护以及整体的安全和服务获得突破，而事实也是如此。通过一系列收购，戴尔已经把更多的业务转向利润率更高的服务业务而不是利润率低的 PC 业务。

不过，戴尔并没有放弃消费类业务。迈克尔·戴尔本人将平板电脑视为"第三类"设备，他承认戴尔不会放弃涉足这个市场，但他也认为平板电脑不可能取代 PC。

这些附属产品将只是企业级解决方案中的一部分，就像企业级客户需要的任何其他产品一样。戴尔将重宝押在企业在电脑上的支出仍会增加上，因为公司客户占了戴尔收入的近80%。

从戴尔公司近期的行为来看，迈克尔·戴尔想要传递给华尔街的信息只有一个，戴尔正从"PC和直销"的盛名中摆脱出来。

在以宣传直销产品而著称的戴尔网站上，零售业务越来越多地得到强调。在美国和包括中国、日本在内的其他国家，戴尔正通过沃尔玛等零售渠道销售电脑。

另外，迈克尔·戴尔强调，公司将专注于在"中端市场寻找机遇"，把重点越来越多地放在中小企业方面。

将赌注压在企业用户对云计算服务不断增长的兴趣上，是戴尔转型的重要内容。这也使戴尔进一步降低了对PC本身的关注，转而将更多注意力放到解决方案和服务上。这种"服务化"的趋势，目前在主流的IT设备和解决方案提供商中非常流行，无论IBM、惠普、微软，都已经在过去1~2年完成或开始了这样的转变。

戴尔转型的必要性不仅在于这样做符合IT产业生命周期和可持续发展的规律，也在于转型能使戴尔在PC市场以外找到利润增长的可能。

2012财年第一季财报显示，戴尔公司第一季净利润9.45亿美元，较去年同期的3.41亿美元增长了177%；销售额为150.17亿美元，比去年同期的148.74亿美元增长了1%。

虽然PC业务增长乏力、消费类业务增长缓慢，但来自企业级市场的业绩仍能获得两位数增长，或许可使戴尔2012年度总营收达到了615亿美元。

　　目前，戴尔仍计划进行更多收购交易，增加研发支出，力争在未来 3 年内使数据中心业务规模翻一番，达到 300 亿美元。

　　看上去，戴尔正在试图成为一家无所不能的多元化企业。但是，进入的新领域越多，面对的竞争对手也就越多。也许，这些问题在迈克尔·戴尔 2007 年重回戴尔的时候就想到了，如他所言："过去的戴尔已经成为历史，而新的戴尔才刚刚起步。"

第六章　现实生活中真实的戴尔

　　在生活中，人是不能没有希望的。一旦希望破灭，人的精神便会崩溃；失去了精神支柱，人也就没有生活下去的勇气了。而只要有一丝希望尚存，虽然未必能够实现，但在追求希望的过程中，我们就会因此而精神倍增，平添了许多生活的勇气。

　　成为世界财富名人的戴尔在现实生活中和普通人又有怎样的不同呢？让我们来倾听他在生活中真实的故事，走进他的内心世界，透视他真实的人生。

戴尔清华谈创业——网络时代如何成功

2000 年 4 月 3 日，来中国参加国际电子商务会议的戴尔先生在中国最高学府——清华大学作了一场精彩的演讲。同以前来清华作演讲的比尔·盖茨比，戴尔更年轻，他所取得的成功与实现的梦想离中国的大学生们似乎更近，下面便是他演讲中的几个精彩片段：

休学创业并不是什么坏事。如果有一个让你兴奋的项目，你应该按照你自己的路子走下去。

如果想开创一番事业，首先一定要有自己的想法。但最重要的是倾听客户的意见，了解客户需要什么，根据客户的要求来工作，而不是我们凭着自己的想法来推出一种产品，再去检验客户是否需要。很多公司都忘记了这一点，而在实验室中闭门造车，产品出来后却不受欢迎。其实道理很简单，你应该先从客户着手，准确地了解客户需要什么，然后再去生产，只有这样事情才能成功。

　　如果我现在是 20 岁的时候，我更想在中国干一番事业。因为中国的机会比美国多，美国的经济已经有了充分的发展，而在中国，要创造新的企业和寻求进一步的发展，对个人来说是一个好的时机。过去几年，我看到一种聚变的文化已经在中国发生了，而且发展得很好。但在美国、日本、德国，这种文化发展得不那么好。这对个人发展是一个很大的促进因素，也有利于中国适应新的世界，能有新的发展。我个人对网络和信息技术是充满着热情的，我认为学生在掌握这些基本的技能的同时，还要思考如何来改进网络，如何促进网络和信息时代的发展，如何使得电子经济得到更充分的发展，如何从这种经济网络上获益。大学如果和一些领先的企业合作，将会对双方都起到很大的促进作用。我听说过你们大学中很多这样的事情。我觉得至关重要的是，我们现在都强调信息技术，因此必须进一步提高我们的工作效率。

　　行业越新，越不需要过去的经验。一些刚刚创建的公司，并不是一些有经验的人来创建的，而是由你们这样的人创建的。你们年轻人所拥有的优势就是没有过去的压力，不用考虑过去的经验，可以使用全新的做事方法。我对内部员工的素质是这样要求的：要有创造性、主动性，自己能够不断有新的想法，开发新的产品，而不是等上级下命令。我们给员工升职，并不是看这个人担任这个工作多长时间了，而是根据人的能力，是基于能力的升职。

在 9 月份的时候，我在上海有这样的机会，也和学生见了面，进行了演讲。我非常高兴，受到了学生们非常热情的接待。互联网是非常让人兴奋的，大家想想，如果任何经济的运转方式都与互联网有关的话，这是一种什么景象。

戴尔公司目前的市场增长率是 44%，而 IBM、SUN、康柏的增长率只有 11%，戴尔公司是业务上的明星。亚太地区业务增长最快的是中国的业务，去年的增长速度达到了 250%，这在中国这样的国家是非常惊人的。

大家知道，大概三四年以前，我们确定了把 40% 的业务放到网上的目标，当时这被认为是非常雄心勃勃的，因为当时网上只有 3%～4% 的业务量。在去年第四季度我们就实现了那个目标。每天大概有 4 000 万美元的交易是通过 www. dell. com 网站进行的，一周工作日不是五天，而是七天，今年的收入可以达到 30 亿美元。我们认为，通过这个网站可以实现更多的营业额，因为每个国家都有一些用本地的语言建立的网站。各个机构都非常希望上网，互联网的基本设施，比如说服务器之类的投资，也是戴尔公司开发的重点。导致这个事态发展的另一个关键性的因素，就是宽带通信，包括无线的高速连接，比如说卫星，或者说 TSL，或者是有线，或者下一代的移动电信市场。这些系统都使得这些用户能够用宽带网来连接。关于使用无线的宽带的局域网，越来越多大学校园里，这种做法已经出现了，我认为技术的转变，应该是使得在任何地方都可以获得数据，这是无线电讯的实质所在。

我们认为世界各地在发展现代化，尤其中国是耀眼的明星，我非常兴奋的是我看到了许多非常年轻的人，年轻的企业家，都参与了非常令人兴奋的新公司的成立，戴尔公司也开始在这些公司做一些投资，我们也希望有更多的机会在你们身上投资。因为你们也可能在中国组建新的令人兴奋的公司。我认为中国政府和各个机构都作出了努力，所有这些努力都非常强调信息技术，并且认为这一行业发展的势头非常强劲，关键是整合资源、技能和知识，以便迅速适应这种变化。对我们来说，速度就是一切，我们公司正在利用这些，来赢得胜利。

实际上这并不是大公司与小公司之间的问题，实际上是最快、最聪明的人和最慢的那些人之间的区别。直接和用户打交道的方式非常符合互联网，我们作出很多努力来上网，上网最终的目的并不是要成为一家互联网公司，或网上公司，而是提供更好的产品、更好的服务。提高效率，最终是有能力来提供新的服务，或者说建立更低的成本架构。对于这些，互联网的作用是消除一些不必要的中间环节，通过使用信息和客户密切联系。互联网就像真空一样，能够把内耗和摩擦吸出去。这也是使得经济更有效率的关键。你们可能也看到了一些统计，有关美国经济增长在这一季度的数字，增长速度几乎达到了 7%，就像中国数字一样，当然根据美国经济的基数，这个速度是非常好的，越来越多的人意识到，增长速度提高的原因，就是美国非常重视信息技术，使经济摆脱老的运行方式，而采用新的经济运行方式。

迈克尔·戴尔：我的"真爱"其实是存储

迈克尔·戴尔在奥兰多举行的首届 Dell Storage Forum 上，毫不掩饰地宣布了他对存储的"爱"。戴尔表示："我经常被问到什么是戴尔最激动人心的业务。要知道，我有五个孩子，我平等地给予他们爱。但我真正爱的其实是存储。戴尔其实是以存储作为公司最早的业务的。"

戴尔还表示，他在大学宿舍里完成的第一笔交易，实际上就是为 IBM 的 PC 提供磁盘驱动器子系统。

"一个家伙想从我们这里购买 150 套磁盘驱动器升级套件，因此我们不得不为他的来访而收拾宿舍。我们设计了一个电脑来将这些硬盘格式化，他看到了电脑，并询问我们是否也能把这个卖给他们。这是个好主意。"

虽然戴尔公司对外声称其拥有大约 30% 的全球服务器市场份额，但迈克尔·戴尔不得不承认，大数据问题的来临意味着用户不仅需要数据管理服务，还需要解决包括业务以及在法规遵从和安全性等方面的问题。

"我们不得不面临服务器解决方案的挑战，这就是我们要通过收购进入更深层次企业应用领域的原因。当然，对于用户来说，只是买更大、性能更强的服务器是不够的，他们需要更有效率地管理数据。"

戴尔表示，虽然 IT 行业中的技术往往会集中服务于大企业，不过实际上大多数企业规模还是比较小的。这些小企业更想要从他们的 IT 环境中获益，而且在他们向中型企业发展的过程中也希望 IT 有助于他们的成长。

当被问及在早上什么会让他惊醒的问题时，戴尔说："许多企业现在才意识到这一事实，即 IT 的计算能力可以让他们真正得到他们数据的最大潜力。对于我们来说，这是一个令人兴奋的机会。"

在试图解决数据管理窘境的道路上，戴尔并不孤独。惠普和戴尔都在试图购买能够解决企业级存储需求的东西。2010 年，两家公司就在 3PAR 上展开了收购战。

戴尔正在拓展光纤通道存储市场，并且其在奥兰多也发布了相关的内容。其与光纤通道专业厂商博科组成了战略联盟，同时，业界也有传言说博科是戴尔新的收购目标。

戴尔 Compellent 公司总裁 Phil Soran 对此表示："业界永远有我们所感兴趣的公司。"

就大型 IT 企业的数据处理需求的问题，Soran 说："当解决用户实际问题时你会发现，一些供应商的方案只是雾里看花，没有实际内容，而戴尔并不是这样。"

我爱成都就像我爱麻婆豆腐

2011 年 3 月 23 日，迈克尔·戴尔开始了他对成都的第一次访问。虽然只是不足 19 个小时的闪电之旅，但戴尔依然对这次访问兴致勃勃。

尽管行程节奏很快，迈克尔·戴尔还是冒着小雨，饶有兴致地夜游宽窄巷子，体验了一把成都的慢生活。

迈克尔·戴尔第一次品尝到了地道的川菜:麻婆豆腐、纤纤玉藕、宽云凉粉、雨后竹笋……别致的菜名、麻辣的特色风味,让迈克尔·戴尔非常享受。他尤其喜欢麻婆豆腐,并由衷地感叹:"成都太棒了!"品尝"雨后竹笋"时,他还兴致勃勃谈起了四川大熊猫。

自 1989 年迈克尔·戴尔第一次访问深圳之后,中国很多地方都留下过他的足迹。而中国市场在戴尔公司所占的分量也越来越重。

"他的到访,足以说明四川成都的重要性。"这次是迈克尔·戴尔第一次访问四川成都,成都也是他访问的第一个西部城市。位于西部和那里的人是他最看重四川的两个元素,虽然只有 19 小时,但这次闪电访问让他对此更加深信不疑。

随着戴尔成都全球运营基地的启动,今后,迈克尔·戴尔访问成都的机会将越来越多。

"我希望我们的员工能够有良好的工作和生活环境,带着愉快的心情去工作。成都是座幸福感很高的城市,所以我们选择这里。"迈克尔·戴尔说。在交流中,戴尔还透露,他的孩子有一项重要课程,就是学习中文。

目前,中国是戴尔全球收入的第二大市场,仅次于美国。数据显示,2000 财年到 2010 财年,戴尔中国的收入增长了 11 倍。而 IDC 预计,至 2014 年,中国西部对计算机需求的年增长率将达到21%。

戴尔说，很多人认为，戴尔是一个电脑品牌。其实，戴尔更多的业绩增长源于为大型企业、教育组织、政府机构、中小企业以及个人消费者提供解决方案。中国西部的高速发展，尤其是西部中小企业的快速增长，对戴尔来说，意味着可以通过成都基地把大量的服务源源不断地"送"到西部。

戴尔客户体验中心的数据显示，20%～30%的采购来自中小企业客户。而在中国市场，戴尔目前的大部分客户也是企业级用户。

"戴尔在成都的发展，不仅仅局限于中国，还是全球战略的一部分。"迈克尔·戴尔表示。对于戴尔公司在中国西部的扩展计划，他感到很兴奋。在成都建立的全球运营基地，不仅有利于戴尔公司在中国的发展，同时为促进戴尔在全球化进程中的成长与壮大奠定了基础。

未来10年，戴尔在中国的总投入将逾1 000亿美元。选择成都考虑最多的就是人才。成都丰富的人才资源会源源不断地供应给戴尔。"我们有理由相信，未来十年，甚至几十年，成都是最适宜戴尔安家的地方，不仅仅是在中国范围内，也是在世界范围内。"

戴尔解雇老搭档的幕后故事

1997 年，迈克尔·戴尔创立的戴尔公司经历了前期的积累后，正处在井喷式的"黄金时期"——销售规模增长了十多倍，达到了 180 多亿美元，股价上涨 36 000%。与此同时，迈克尔也被视为新经济时代的"金童"，人们常常把他与工业时代的亨利·福特（Henry Ford）相提并论。在很多公开场合，他总结的成功秘诀是，"找到了一种合适的商业模式"。

转眼到了 2007 年，他的公司正面临自成立以来最大的一次危机——业绩停滞不前，市场份额逐步下滑，已经连续 5 个季度的收益低于市场预期，整体销售额止步于 580 亿美元。就在 5 个月前，戴尔公司的"全球最大 PC 厂商"的头衔也被老对手惠普公司夺去。2007 年一季度，根据 IDC 的数据，惠普占据了 19.1% 的全球 PC 市场份额，戴尔的份额降至 15.2%。

　　为此，本已处于半退休状态的他，只好再次走上前台。曾被美国商界视为迈克尔·戴尔"最佳搭档"的凯文·罗林斯（Kevin Rollins），在 2007 年 1 月的最后一天突然宣布被炒了鱿鱼，带着 500 万美元的补偿黯然离去。身为公司董事长的迈克尔·戴尔重掌大权。

　　赶走罗林斯并非迈克尔·戴尔的本意。在罗林斯担任 CEO 的三年里，他们二人合作紧密，彼此的办公室之间只隔着一道玻璃墙，墙上的门从来没有关上过。罗林斯也称，两人在独自决策的时候，大概有 80% 是正确的，而一起作决策时，正确率会更高。就在迈克尔·戴尔正式宣布复出的前几个月，他还在公开场合表示力挺年长自己 12 岁的罗林斯。

　　但迈克尔·戴尔几乎没有其他选择，因为除了他以外，没人相信还有谁能改变戴尔公司的"直接模式"——没错，就是那个戴尔赖以发家，在过去二十年横扫 PC 行业的商业模式。除去业绩下滑，最初制定的 2010 年左右达到 800 亿美元销售额的目标已成泡影外，外界越来越多的质疑声对准的就是"直接模式"。更有人认为"直接模式"已经走到尽头，在讲究用户体验的时代，"直接模式"讲究低价和缺乏个性的做法已经开始落伍，最终将会被淘汰。

　　迈克尔·戴尔当然不愿意承认这一点。在重掌戴尔后，他仍坚持"直接模式"是戴尔公司的根本，他明确表示，这不会有本质性改变，不过在此基础上会做大量有利于客户的调整，比如进一步完善供应链管理、增加用户体验，同时降低运营成本等等。

但是他必须承认的是，在重新成为 CEO 后，他的角色已经明显发生了改变——二十多年前，他是"直接模式"的发明人；二十多年后，他得扮演"直接模式"的修正者；而在未来的几年里，他将不会给自己寻找替代者。

事实上，变化早已开始。重新成为 CEO 之后的第二天早上，迈克尔·戴尔召集了公司的副总裁和总监们开会，然后把会议内容写成邮件，发送给了全体员工。

在会上，迈克尔·戴尔先是回忆了公司创立时充满激情的场景，随后话锋一转，称公司现在有了新的敌人——官僚作风，接着他对下属说："我请大家都来审视自己的组织结构，排除其中的任何冗余，想想什么对戴尔是最好的，同时提供我们所需的清晰且重点明确的领导机制。"

戴尔的这封邮件让所有人注意到调整公司内部组织结构的工作已经刻不容缓。作为世界上第二大 PC 生产商，因为直接模式省去了中间商的费用，戴尔的利润率一直是业内最高的。然而在过去几年中，其运营费用却出现了大幅上涨，仅过去两年的涨幅就超过30%，达到 17 亿美元。相较之下，戴尔这两年的销售额增长却远远没有达到 30%。

机构臃肿就是问题之一。在过去的两年时间里，戴尔公司的员工总数增加了近50%，达到82 200人。而在管理层，直接向前CEO罗林斯汇报的高级副总裁就达到了24位。看看他们的竞争对手吧，苹果公司包括CEO乔布斯（Steve Jobs）在内的核心管理层只有10人，惠普只有12人，向来以体积巨大闻名的IBM的核心管理层人数也不过15人。这让华尔街的分析人士揶揄戴尔说："做直销的公司需要那么多副总裁，真是匪夷所思。"

这让人们大感吃惊，以精干、简练著称的戴尔，竟也和当年的IBM、惠普一样陷入了机构臃肿的泥淖。"戴尔因为发展太快，在过去短短的十几年内公司的规模就扩大了好几倍，在急速扩张下，内部不可避免地沾染了官僚习气。"迈克尔·戴尔解释说。

他采取的步骤首先就是重组管理层和业务部门，将此前独立分散的制造、货物调配和货物供应部门整合为单一的新部门，由一名高管统一负责。与此同时，新创建的全球消费业务部门和全球计算机服务业务部门，改变了过去按照地域单独设置部门的惯例。此外，戴尔此前独立的产品开发和设计部门，也融入全球消费集团。

在此过程中，迈克尔·戴尔显示了自己的强硬。他宣布不再设立COO一职，同时也让一些高层选择自行离开。在完成核心高层重组后，直接向迈克尔·戴尔汇报的高级副总裁人数缩减了一半。只有四个来自原来的"24人俱乐部"，从公司内部提升的有三个，另外从外面挖过来的有五个。

迈克尔·戴尔意图十分明确:让各个高管的权力更加集中,以便及时决策,以提高公司运营效率。具体而言,首先是为了加强戴尔在企业用户市场的传统优势,其次是让原先分散的运营设置更加统一,最后是提升几个重要区域市场的作用。

另一方面,组织结构的变化是为减少成本做准备。在戴尔开始调整后就表示,除了优秀员工,其他人将不颁发年终奖金。由此,业内便猜测将开始新一轮的裁员,甚至有建议称减少10%~15%的员工是合理的,持此论调者的参考理由是惠普CEO马克·赫德(Mark Hurd)上任后也进行了一轮裁员以减少成本,从而增加了运营利润。

对戴尔来说,即使是出现裁员,最终目的也并非单纯为减少支出。对这样一家以客户为导向的公司而言,最重要的是提高运营效率,更好地为客户服务。对戴尔来说,最重要的不是利润,而是客户。只有先令客户满意,才能获得更多的利润。

相信实力而不是个人魅力

从外表上来看,迈克尔·戴尔的头显得大,小而圆的眼睛总是瞪着,颇有喜剧效果。他的模样有点像好莱坞某一类型的演员,比如金·凯利，喜欢的人疯狂喜欢他，不喜欢的人永远也不喜欢他。

据说这类长相的人往往是天才，事实证明，戴尔是个不折不扣的天才。当然，他的商业头脑和管理才能与他的长相无关。20 年时间，从一间狭小的大学宿舍，到今天年销售额数百亿美元的电脑帝国。在这个以知识节点为最高控制的时代，在作为 IT 产业链后端的销售领域，他把戴尔公司做大了。

的确，戴尔并非凭借自己的个人魅力领导公司。他既没有杰克·韦尔奇那种强悍的作风、非凡的魅力，也不像已故的萨姆·沃尔顿那样平易近人、风度翩翩。戴尔不相信个人魅力，相反的，他希望所有员工能为公司利益而抛却私利，没有人期望能成为大明星，包括他自己。

这种无我的行事作风渗透进了公司的每个角落，并在一定程度上成了戴尔迅速发展的推动力。这种管理方式一度使戴尔公司在竞争对手纷纷落马时得以继续前进。公司 2002 年的增长幅度几乎达到了 3%。在一个季度里，公司实施的一项成本控制新措施使日常管理开支降至了经营收入的 9.6%，而公司的生产力已接近每位员工创造 100 万美元营业额的水平。戴尔公司每位员工创造的营业额几乎

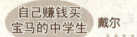

是惠普公司的两倍，是 IBM 公司的三倍。

这种行事作风带来的问题也在逐渐显现。根据 2001 年的一次公司内部调查，戴尔发现公司下属普遍认为自己待人接物过于冷淡，在感情上太过疏远，而罗林斯则独断专行，处处喜欢与人作对，这种不满情绪四处蔓延。2002 年，在实施了公司历史上首次大规模裁员之后，民意调查结果毫不留情地显示，如果有机会的话，戴尔公司半数的员工将另谋高就。虽然早在 20 世纪 90 年代，当来自 IBM 和英特尔等大型公司的资深高管人员纷纷跳槽的时候，戴尔已经意识到外来者很难适应戴尔公司苛刻的企业文化，戴尔曾寄希望于用股票期权来抚平这种不满情绪，结果并不理想。

但戴尔没有把它作为一个多么迫切需要解决的问题，因为公司仍然以惊人的速度增长。随着公司的扩展，戴尔式的管理伸展到欧洲、亚洲以及拉丁美洲。我们看到的事实是：频繁的人事变动。欧洲公司的总裁连换三任，哪怕实现了 16% 的增长也难逃被免职的厄运，只因在戴尔的考核方式下未实现成本最低。而在中国，人们被告知，浮华背后，"戴尔是一个文化缺失的戴尔"。

戴尔能从个人计算机神童晋级为企业管理偶像吗？戴尔公司还能像过去数年那样高速不停歇地向前发展吗？问题的答案是，戴尔必须培养新一代的领导人。罗林斯说，在压力不断加大的环境下，培育新人是一大挑战。戴尔本人呢？我们愿意从这个角度来理解他的"让贤"。

2004年3月4日,戴尔公司宣布,创始人迈克尔·戴尔辞去首席执行官职位,由总裁兼首席运营官凯文·罗林斯接任。这样戴尔公司在迎来第20个生日之际,也迎来一位新的首席执行官。

"这是对凯文为公司所做工作的一种承认。"戴尔在一次电话访问中说道,"这将为他创造一种积极的动力。"自1996年加入戴尔,罗林斯为戴尔的发展立下了汗马功劳,他出色的管理才能一度引起对手惠普的兴趣,并试图拉他入营,但罗林斯拒绝了面试惠普CEO的机会。在很多人眼里,罗林斯早就是戴尔的接班人。

戴尔表示,辞去公司CEO之后,他的工作时间和工作内容仍将和此前差不多。尽管两人都参与公司的主要决策,但是戴尔更偏向处理顾客与技术方面的事情,而罗林斯则主管经营和策略。

从上大学时开的第一辆宝马车,到今天戴尔公司的成就,迈克尔·戴尔凭借的一直是雄厚的实力,而非个人魅力。一个人的成功,就是来自于实力,想凭借所谓的个人魅力取得事业成功的想法注定是不切实际的。

第七章　戴尔公司的成功之道

　　合作与竞争，看似水火不容，其实，它们相互依存，你中有我，我中有你，是同一问题的不同方面。一般来说，竞争要求合作，竞争促进合作。只有善于合作，借势助力，才能在合作中发展自己，才能增强竞争的实力。因此，竞争和合作都是促进事物发展的动力。

建立最好的生意模式

戴尔所谓"最好的生意模式"指的是戴尔式的直销模式，他说："我们的核心竞争力是直销，我们的管理风格也是直销。我们一直在发展我们的重点。我们在存储器、服务器方面有11%的市场份额，我们有最好的生意模式，我们在这方面能有一个好的结果。"

直销，成为戴尔公司优于竞争对手的唯一解释。戴尔说："人们只把目光盯在戴尔公司的直销模式上，其实直销只不过是最后阶段的一种手段，要想掌握好直销的本领，首先就要完全理解直销的含义，然后能很好地对其加以应用。我们真正努力的方向是追求'零库存运行模式'和为客户'量体裁衣'定做电脑。由于我们是按订单和客户的要求定做电脑，所以我们的库存一年可周转15次。相比之下，其他竞争对手，其库存周转次数还不到戴尔公司的一半。"

"在戴尔公司发展的 15 年中，戴尔推动公司集中做的只是两项重要工作：通过一整套为客户度身定做的综合软件、硬件的流程使戴尔公司及其客户降低成本；通过个性化使戴尔公司可以为客户提供更高层次的服务。"

通过戴尔直接订购模式，与那些通过缓慢的间接渠道销售电脑的公司相比，戴尔公司以更快的速度完成了最新相关技术的应用，而戴尔公司的 6 天存货制使其与其他竞争对手相比保持了低成本，再加上按客户意愿来做电脑，戴尔公司的发展既有速度，也很有利润。

戴尔独特的优势得益于他对计算机市场上的直销模式的独特理解，这使得戴尔公司有着非常独特的一套管理整个价值链的完整流程，即从零部件到供应商直到最终用户，戴尔始终控制着中间的每一个环节。

"PC 厂商有很多价格的压力，通常情况下都是我们给他们价格上的压力，因为我们有最好的成本结构，我们可以把市场推进。在中国，市场要发展的话，PC 成本就得降低。"

戴尔公司的直销模式现已在全世界所有的关键市场上全部铺开。"以前大家都说我们直接订购是不灵的，但我们去哪儿都灵，我们有大量的事实能证明。"

让对手无法模仿

世界上万事万物的发展都离不开竞争，在自然界，物竞天择，适者生存；在人类社会，竞争同样是激烈和残酷的。竞争带给人的压力和动力，最大限度地激发了人的潜能，提高了人们办事的效率。与此同时，竞争促进了自我的发展，使集体富有生机，增添了生活和工作的乐趣。

戴尔这样说过："很多竞争对手包括康柏公司在内都开始转向直销模式，但模仿我们的那些公司并没有做得很好，也没能阻止我们的增长。这有点像从打垒球转向打篮球一样，虽然它们都是体育项目，但这是两个完全不同的项目。那些公司从一个系统转到另一个系统，是非常困难的，因为它们的销售原来都依赖于间接渠道，那些公司要走的路还很长。如果一个客户想通过直销买产品的话，会找戴尔来。因为戴尔有着 15 年的直销经验，并且我们首先创造了直接订购的业务模式。同时，我们会不断提高自己的业务水平，而不是停滞不前。比如说我们使用互联网来降低我们的成本，并把销售服务放到网络上，我们每个星期的网上销售额是 3 000 万美元。我们的对手正面临着两难的处境，但是他们不能解决这个两难问题。

"如果我们看一下世界前五大个人电脑公司，其中至少有 3 家公司处于亏损，或者基本上处于收支平衡的状况。其中的一家公司即戴尔公司是赢利的。我们的成本结构是我们主要竞争对手的一半，因此我们业务运转的系统不一样，我们增长的速度比市场增长的速度要快 3 至 4 倍。"

像 IBM 这样的大公司在运作个人电脑上存在什么弱点呢？对此，戴尔曾分析说："首先，IBM 在 PC 运作上的成本结构不对，经销渠道也不对。两年前 IBM 在 PC 销售量上与戴尔一样多，但现在戴尔是 IBM 的两倍多，我们在 PC 上赢利了 20 亿美元，他们却亏损了 10 亿美元。"

也有人问戴尔："戴尔公司何时超过了排在它前面的竞争对手——康柏公司？"戴尔说："衡量成功的方法不一样，可以通过你的收入来衡量，可以通过你的利润来衡量，也可以通过你的投资回报来衡量，还可以通过你的客户的忠诚度来衡量。我认为衡量成功最重要的标准并不是用户量多少，而是客户的满意度，戴尔公司在客户满意度上一直走在最前面，它的利润几年来一直是最高的。而就市场份额而言，在美国最近一个季度，我们第一次超过了康柏，在英国、爱尔兰、瑞典我们都是第一名。除了我们今天取得的业务利润、领导地位的成绩以外，在越来越多的国家中，你会看到戴尔公司走到了前面。"

管理者需要慧眼识人

在人与人的交往中，若不懂得识人，就会非常被动，诸事不顺，识人可以说是交友的第一关。在企业管理中也是如此。事实上，人的印象很容易出问题。印象错误的直接原因是先入为主的锚定心理，为什么会出现这种心理？原因是人们有服从第一印象、服从权威的心理。再加上思维懒惰是人的正常心理，印象足可以害人了。当真实的世界在我们的脑海里定格了真实与不真实的印象，并以真或假的印象办事时，我们就很可能被表面的假象所骗。那么，就让我们来看看在识人方面戴尔是如何做的。

在管理上，"我平日很随和，但看到员工总是犯相同的错误时，我就会忍不住发火。我愿意重用、提拔那些愿意自己找事做，而不是等在那里让人告诉他该怎么去做事情的人。我喜欢那些热情、爱不断学习、对工作充满兴趣、善于自我挑战的人。我也非常重用那些不仅自己能得到发展，同时也能发展其他员工的人。这是我们公司的一个重要的话题"。

在戴尔公司，每位员工都会拥有 200 股的股票，这种规定不仅适用于美国本土的员工，还包括中国、英国、澳大利亚、日本等各国员工。比如，1999 年 8 月，在厦门的戴尔员工每个人都得到了 200 股股票，其成交价格约为每股 60 美元；而 3 个月后，戴尔股票猛涨到每股 110 美元，从而使每一位雇员获得了大约 10 000 美元的账面收益。

"除了在物质上善待员工，还要把员工的潜能发挥出来。为此，你就要创造出一个允许员工成功的环境，并给他们提供不断成功的工具，让他们不断学习、成长，还要关注他们的兴奋点是什么。

"我们对非常性的挑战非常感兴趣，变化很快、竞争激烈等都是我们的挑战，其中的一个关键性的挑战是保持建立的结构组织的成长。去年我们的营收是 180 亿美元，今年我们的营收猛增到 240 亿美元，一年当中我们就增长了 60 亿美元的营收。我们自己把公司变成了非常了不起的公司。今年我们还要招收很多新员工，明年我们也要这样做，所以，这对我们来说就是一个非常非常大的挑战。

"年轻既有好处，也有坏处，在我们的行业当中，我认为保持公司领导一致性、延续性是很有价值的。我领导公司15年，估计还会领导很多年，这实际上是一种持续性和延续性。但是，这个行业总是依赖新的想法来繁荣发展的，新想法一般总是由新加入公司的人提出来的。"

客户至上 按照客户的要求去做

当被问道："在运作公司的整个过程中，对您来说，什么是最有价值的？"戴尔脱口说出一个词："Client（客户）。"随后戴尔又说，"当然，每当看到我们企业的优势因素在不断增加，我会很兴奋；每当看到我们的产品质量在不断提高，我会很兴奋；看到我们的人才在不断地成长，我会很兴奋；看到我们的日常运作蓬勃有朝气，我也会很兴奋。此外，看到我们的执行能力不断地得到提升、我们的结构不断地被优化、我们运作的模式

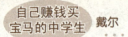
不断取得成功，等等，都会使我感到兴奋异常。"

在戴尔公司的墙上挂着一幅戴尔的照片，照片下方潦草地写着："迈克尔要你去赢得客户。"

"按照客户的要求去做"是戴尔公司的信条，这为戴尔建立了与客户之间的最紧密，也是最令人羡慕的关系。为了明确这一点，1998 年戴尔已将 15% 的资金和利润分成与改善服务挂钩。衡量成功的标准是初次安装速度、装运期限以及修理人员在 24 小时之内抵达客户所在地点的时间。

"在管理上，我们判断员工价值的一个关键之处是：看他们对客户的友好程度，能给客户提供什么样服务，对其关注的客户都做了些什么。同时我们建立了一些良好的沟通机制和奖励机制。"

直销模式让戴尔公司更大程度地靠近了客户，尤其是靠近那些企业级的大客户。戴尔公司的销售员会来到客户门前，了解诸如"你想要什么样的硬件""你想要什么样的性能""你想要在什么样的软件""你想要什么时间交货"之类的问题，了解完之后，这些销售员再回到公司，把单子交给生产部门。这个过程就像裁缝走到客户家里，为客户量身后，再回到生产车间进行生产。因此，做出来的衣服一定是合身的。

"戴尔公司的业务是基于直接订购这一业务模式的，我们直接把计算机销给客户，不管这一客户是政府机构还是大企业，也不管是普通个人消费者还是小企业。这会让我们以更快的速度，把最新的技术提供给我们的客户，使我们能提供更高水准的服务，并获得更高水平的回报。"

包容市场　融入市场

　　一个企业或个人要想持久地赚钱，对市场就不能过于急功近利，要关心市场的整体情况，因为"一个市场有时发展很快，有时会向前走两步再退一步，我们更关心整体发展的情况。人民币会不会贬值这类事情对我们来说是不会阻挡我们前进的步伐的，我们会进一步发展及进一步开拓中国市场，因为我们想在中国进行长期的投资"。

　　"中国计算机市场非常大，而且发展得特别快，我认为对每一个中外公司来说，在中国都有很大的发展机会，每家公司都必须找到自己独特的方式来给客户提供价值，我们当然会以一个可持续的方式提供价值给客户。关键是中国市场非常大，没有任何一家公司能够完全垄断，必须要有合作伙伴，有合作才能保障这个市场能够得到充分的挖掘。

"在中国，实现直销是非常好的，利润率可以提前实现。在全球来讲，与客户直接建立关系的理念是有价值的，也是行之有效的，是放之四海而皆准的。我们现在要与中国的软件公司和服务公司进行合作，提供产品的增值。

"我不反对后 PC 时代的到来，PC 是富有变化的，它的连接性会更好，最受欢迎的装置都是和 PC 连在一起的，如手持机等。我们可以把后 PC 厂家不愿意做的事情，拿过来做……我们的竞争会使大家都受益，竞争会使我们为客户提供好的产品。"

走自己认定了的路

并不是所有正确的观点与态度都可以立即成功，但是如果缺乏正确的观念与态度，就算一时幸运，终究还是难逃失败的命运。

曾经有人问戴尔："如果你有时间，你会不会再返回到大学去继

续读书?"这位只上过一年大学的亿万富翁却摇摇头说:"我不会,因为在学校里学到的东西比不上在实践里学得多。"

戴尔的回答值得人们细细品味。在全球计算机产业这个大舞台上,有三种风格的大企业家角色。

一类是技术派。他们以技术起家,后来转做管理。如英特尔董事长安迪·格鲁夫,毕业于纽约州立大学,获加州大学伯克利分校博士学位;1968 年进入英特尔公司,1976 年成为英特尔的首席运营官,1987 年接任英特尔公司 CEO,1997 年成为英特尔董事长。

一类是学院派。他们有文凭但对技术并不精通,甚至对计算机行业在开始进入时也了解得不多,但这些人有很强的分析能力和丰富的运作企业的经验。比如 IBM 总裁兼首席执行官路易斯·郭士纳毕业于哈佛大学商业学院,13 年的麦肯锡咨询公司的实践磨炼,使他成为一名光芒夺目的商界奇才。美国《时代》周刊这样评价郭士纳——"IBM公司董事长兼首席执行官,被称为电子商务巨子"。

一类是野生派。他们没有获得过大学文凭,靠少年冒险抓住了机会而获得成功,像是野生野长的花,生命力非常顽强。戴尔便是一个典型。

三类大企业家在 IT 产业里人数都有很多,这说明了通往大企业家的道路并非只有一条。然而,野生派企业家的崛起除了给人们提供更多的传奇故事,还给人们提供了更多的启迪。

戴尔从大学辍学、比尔·盖茨从大学辍学、杨致远从博士辍学、乔布斯没有念过大学，他们的例子似乎都在告诉我们学习并不重要。事实并非如此，在这个竞争异常激烈的产业中，学习已不是一个时间段，而是相伴一生的课题。野生派企业家并不是不愿意去学习，而是更愿学一些让他们自己感兴趣、觉很有价值的东西。

超越竞争对手的制胜之道

随着科技的快速发展，是否拥有实体店已经越来越不重要了，也许是因为互联网的出现，为消费者提供了无与伦比的机会，可以让消费者在这样透明的市场中评估产品的优劣、适用性和价格。

对于从事计算机及相关行业的人而言，一旦了解了这些基本概念，从这个关键点出发，并且做到精益求精，那么美好的事情便会产生。

迈克尔对于怎样超越自己的竞争极限这个问题提出了以下几点：

1. 顾客第一，竞争第二。竞争者与顾客不是相同的，如今的我们要从顾客入手，因为顾客是公司的未来，代表新的机会、创意和成长的契机，而竞争者则代表的是产业的过去。

2. 要有一种健康的紧迫感和危机意识。精疲力竭是压力过大情况下的一种状态，此种方法不可取。设定稍微高过正常状态的指标，让员工以更聪明的运作方式达到这个目标，这才是最好的。

3. 把对手最大的长处转变为缺点。一个再大的公司都有其自身的弱点，就像每一个伟大的运动家都有一个如同希腊神话阿喀琉斯的脚踝一般的弱点一样。对竞争对手的游戏规则要细心地研究，要做到善于发现对方最大的长处，从而来利用其弱点。

4. 快速反应，见机行事。尤其当机会不明显的时候，更需要积极地去寻找机会。把重心放在顾客的身上，这并不代表自己忽略了竞争对手。要善于在竞争者现在进行的动作或忽略的事物中看到机会，并立即采取行动，这样才可能给自己创造一个新的发展机会。竞争性胜利可以在一日之间决定，因此，必须要作好充分的准备，同时行动要快，改变也要快。

5. 做生意就像打棒球，每次都要全垒打是不行的，必须要追求最高的打击率才行。如果你的打击率达到了5或4成，而你的竞争对手打击率在3成，恭喜你，这样你就成功了。同时，在这个时候也不要白费心思，因为没有人的打击率能达到10成。应该去为如何能够成为最棒的打击者花一些心思。

6. 当一个猎人，而不是猎物。树大招风，因此，成功是一项危险的事，显眼也是危险的开始。要永远致力于让团队把眼光放在成长、制胜和获取新业务上面。即便你的公司已是市场中的领先者，也不能让你的员工表现出骄傲的态度。你应该鼓励员工："这样虽然很好、很奏效，但是现在我们如何运用已经证实有效的方法来赢得成功呢？""我们如何持续地拥有现有的顾客呢？"

做事业要先做人

戴尔取得的成功大家有目共睹，不管是让员工做老板，还是自己以学生的姿态面对员工，他使用的其实都是一种成功的企业文化，即所谓"做事业要先做人"的道理。

"1983 年我刚满 18 周岁，那时我还在美国得州大学医学院预科班学习。当时也不知道是出于一种怎样的心理，我想拥有一个自己的电脑公司，于是我用 1 000 美元注册了戴尔电脑公司。没想到 20

年之后，我的电脑公司竟然势头猛进，直逼 IBM、惠普、康柏等公司。即使是在电脑价格大幅度下降的时候，我的电脑公司也一直在赢利。特别是在 2002 年，我的利润达到了 23 亿美元。我的心里很明白，我能取得这样的成功是因为很多人的帮助，而我也是巧妙地利用自己站在别人的肩膀上这个事实发展了属于自己的事业，这也是我管理思想的精髓所在。"戴尔如是说。

戴尔说自己之所以可以取得如此巨大的成功是因为他站在别人的肩膀上，而我们却清楚地看到，他所说的"别人的肩膀"，其实就是他的一种作风。戴尔虽然没有创造任何产品，但是他却创造了计算机行业的"巨无霸"。

戴尔曾经把自己的企业文化称为"志在必胜"，他用极大的热情和自信把他的顾客与企业调整得井井有条，并把这些都转换成一种极大的生产力。

也许这正是戴尔成功的原因所在吧！

争做第一 戴尔永不言败

如果说选择电脑创业是戴尔战略的胜利，那么利用商业直销模式赢得客户的真诚相待就是戴尔战术上的成功。面对未来行业的激

烈竞争和商业环境的瞬息
万变，戴尔的经营信条是
"争做第一"。面对竞争对
手和各行业对 PC 业的挑
战，戴尔公司对未来的发
展充满信心，永不言败。

电脑业竞争激烈是毋
庸置疑的，从事这一行业
并获得成功，不仅需要超
人的胆识，而且需要公司首脑的危机感和员工的团队精神。戴尔的
低成本商业系统使其竞争对手难以望其项背。

戴尔在美国电脑业界已成为一个动词，包含有挤出、挤垮的意
思，使人感到畏惧，同时产生被淘汰的危机感。据戴尔估计，在今
后几年内全球最大的五家 PC 制造商必定有被淘汰出局的，戴尔有信
心接收其市场份额，并为客户提供良好的服务。对戴尔的直销模式
很多企业都希望仿效，但感到力不从心，对新旧模式的转变难以适
应。而戴尔要做的只是如何进化这种模式，彻底挤垮对手。

戴尔对计算机技术与通信相互渗透影响的关系理解得很深刻，
并抓住了通信业快速发展的契机，壮大了企业的实力。公司增长的
速度比整个行业快两三倍，这一增长态势已保持了十年之久，并且
还将继续保持下去。1990 年戴尔股票上市，至 1998 年已升值二十

九倍，对股东的回报超过英特尔、微软等新兴行业的巨头，更不用说与传统产业相比较。

戴尔对公司在利润和客户信任度两方面获得的全球第一感到非常自豪，并确信只要保持这两点，最终会获得市场份额方面的领导地位。事实上戴尔公司十年来的发展速度是全球最快的，戴尔公司的利润已超出 PC 行业前五大公司，销售收入在英国、美国、爱尔兰、瑞典等国都是第一。戴尔放言，公司未来对信息家电与 PC 业的融合与挑战已有应对办法，电视电话、汽车、双向寻呼机及家用电器与网络的联络离不开计算机，同时各自的用户定位并不互相排斥，公司有开发和制造这些产品的计划，有些已开始实施，相信会获得成功。

发展和开放的中国市场同样吸引戴尔这样的经营巨匠。戴尔公司在厦门设立了全球第四个生产基地，带来了在全球所向披靡的直销系统。在上海建立了应用学方案中心，这个中心使得客户能够对其应用系统进行测试，和公司的技术专家一起运行戴尔开发出来的应用系统，以优化戴尔的计算环境，来用于电子商务或者在线技术支持。戴尔公司带来的不仅是产品，更重要的是经营理念，戴尔在中国又一次实现了速度、利润和效益超常规发展的神话。

戴尔和其他 PC 或 IT 企业进入中国市场一样，必然会给中国同行业带来巨大的压力和挑战；但同时，这对中国企业来说又是学习先进技术和管理经验的机会。全球市场向来是双向的选择，中国企业要成长，必须经得起风浪和挫折。走出国门，进入全球竞争舞台，不仅是戴尔这种国际巨头所要做的事情，也是正在发展壮大的中国企业的必由之路。

直接模式消灭中间环节

20世纪70年代，当迈克尔·戴尔还是一个孩子的时候，他的父母在饭桌上谈论的都是通货膨胀、石油危机一类的话题，这使他从小就对生意场产生了兴趣。在12岁

那年，他进行了人生的第一次生意冒险——为了省钱，他不想再从拍卖会上卖邮票，而是说服邻居把邮票委托给他，然后在专业刊物上刊登卖邮票的广告。出乎意料，他赚到了2 000美元。这是他一生中的第一笔买卖，也是他第一次认识到消除中间商的巨大威力。同时他也体会到，如果有好的想法，绝对要采取一些行动。在尝到直接销售的甜头后，迈克尔·戴尔在后来的创业尝试中，把这一"直

接模式"发挥得淋漓尽致。

初中时，迈克尔·戴尔拥有了一台苹果电脑，并迅速将兴趣转移向电脑背后的商机。不久，他注意到了商业用途更广泛的 IBM 个人电脑。他热切地学习一切有关电脑的知识，利用卖报纸所赚到的钱来购买电脑零部件，将电脑改装后卖掉，获取利益，接着再改装另一台。其间，他发现电脑的售价和利润空间很没有常规。一台售价 3 000 美元的 IBM 个人电脑，零部件可能只要六七百美元就能买到。而且，大部分经营电脑店的人不太懂电脑，并不能为顾客提供技术支持。而他当时已经买进了一模一样的电脑零件，并把电脑升级后卖给认识的人。于是，迈克尔·戴尔产生了一个想法：只要自己的销售量再多一些，就能够跟那些店去竞争。因为没有中间商，所以自己改装的电脑不但有价格上的优势，还有品质和服务上的优势，即能够根据顾客的直接要求提供不同功能的电脑。

1984 年，迈克尔·戴尔从学校退学，在奥斯汀一个约 93 平方米的办公室开设了自己的公司，命名为"戴尔计算机公司"。

支撑学生时代的迈克尔·戴尔鼓捣计算机的资金，来自于他从 16 岁开始的一份卖报纸的业余工作。那年夏天，他负责为《休斯敦邮报》争取订户。报社交给他一个厚厚的电话号码本，让他打电话去向顾客推销。但迈克尔·戴尔不久就在推销中发现，有两种人几乎一定会订阅报纸：一种是刚结婚的，另一种则是刚搬进新房子的。接着，他调查后发现，情侣在结婚时一定会在法院登记地址，另外有些公司会按照住房贷款额度整理出贷款申请者的名单。于是，他想办法找到了周围地区这两种人的资料，直接给他们寄信，提供订阅报纸的资料。通过这种方式，迈克尔·戴尔当年挣到了1.8万美元，这不但使他有能力购买更多的计算机，也启迪他日后创造了"比顾客更了解顾客"的市场细分战略。

无法复制的戴尔作风

　　很多人一直在努力探究戴尔的成功秘诀。

　　有人认为，他的成功是由于把企业建立在"供求之间的交叉路口"。通过著名的"自己动手建造"网页，邀请顾客选择并定制适合自己使用的计算机，或者订购一台合乎公司要求的计算机，戴尔透彻地了解了市场——包括上游的供应商和下游的购买者。其结果是，戴尔"比其他任何原设备制造商和批发商知道得更多，因为他的公司直接深入市场，他们了解的都是实实在在的情况，无需作任何猜测"。

因此，戴尔公司不再是一个简单、低层次的销售公司，而是和微软、英特尔公司一样，"聚集了大量知识并将其变为控制点"。拥有了这一决定 IT 时代财富流向的致命武器，戴尔没有理由遭遇英格拉姆公司的困境。

除了直销商业模式，戴尔管理公司的方式也被认为是其成功的秘诀之一。戴尔说："用十亿分之一秒的时间予以庆贺，随后便开始新的工作。"每当公司取得成功的时候，大家会用五秒钟的时间来庆贺，而接下来则会用五个小时进行事后剖析，讨论哪些方面本应做得更为出色。公司在马来西亚开办了亚洲第一家工厂之后，戴尔给工厂负责人寄去的贺礼是自己的一只旧跑鞋，其中的寓意就是：这只是马拉松长跑的第一步。

那些复制戴尔模式的公司几乎没有获得什么成果，更别说赶超戴尔，他们无法复制的是戴尔的作风。二十多年来，戴尔始终"像大学时那个陷入困境的毛头小伙子一样，以一股紧迫感和坚定的决心继续经营着戴尔公司"，简直让人难以理解。

戴尔认为，自生产的第一天起，产品就应该开始获利。为了能做到这点，他希望自己的管理人员成为活数据库，随时收集各方面的信息：从增长速度最快的产品，到计算机售出的头一个月里某个零部件的平均更换次数。这几乎是"不可能的任务"，但戴尔都完成了。

戴尔说："当你生意越做越大，其中让你发晕和迷醉的，就是你一点也觉察不出哪里存在问题。公司分成好多部门，你相信他们都在按计划行事，可是，当你把公司所有的结果汇总到一起时，你就会发现问题了。这种症状说明：你没有搞清各种生意的成本、收入和利润的关系。"

打败对手，成为 PC 之王

戴尔的成功是一个美国式的传奇。据说，戴尔在美国开大型的展览会时，许多人不远千里要驱车前往，一个重要的原因就是——戴尔可能出席，他们想看一眼这个最有希望取代比尔·盖茨的家伙到底是怎样的一个人。

戴尔以直销起家，随着企业的不断壮大，慢慢进入了惯常的零售渠道。遭遇挫折后，戴尔开始强化管理，坚决从零售渠道中退出，把业务集中到自己最擅长的领域。互联网的兴起让戴尔抓住了一个改变销售方式的契机。

1996 年，戴尔公司开通在线销售，使客户通过互联网直接订购产品，从而成为"IT 直销鼻祖"。这一商业模式迅速改变了 PC 企业的格局。几年后，戴尔跃居全球五大 PC 公司第二位，在美国、英国市场上排第一。

戴尔的势头开始让传统的企业感到焦虑。有一段时间，15 名企业人士、数名顾问和教授在哈佛大学开了一个研讨会，在会上，专家们把"DELL"一词当成了动词来用，他们说："PC 业一些经济强势公司最近的利润率下降，人气下降，备受煎熬，部分原因是它们一直被戴尔着，也就是被戴尔公司的低成本打得喘不过气来。"

戴尔的成功让人们认识到，尽管不拥有核心技术（CPU 操作系统），但只要你能不断创新，仍然可以在竞争中处于优势地位。从 1990 年以来，戴尔的股票价格上涨了 2 690%，股东收益超过了英特尔、可口可乐和微软，是 500 家公司中唯一一家连续 3 年销售额和利润增长均超过 40% 的公司。

"仅仅把戴尔的成功归结为直销是不够的。"迈克尔·戴尔反复强调说，"戴尔是靠长期让客户以低成本享受到高科技带来的愉悦而起家的。至于直销模式，那只是其中的一部分，它掩盖了戴尔最初以及现在正在实施的成功经验：戴尔是在研究、发展与制造三个部门的同步发展下才有今天的成绩的。"

事实证明，戴尔公司令人瞩目的并不仅仅是公司的直销商业模式，更为重要的是迈克尔·戴尔管理公司的方式。这个秘诀的核心在于，戴尔深信公司的现状从未达到尽善尽美，即使这意味着需要他这位大人物做出痛苦的改变，他也会一直坚持。

对迈克尔·戴尔而言,投资新的宏伟事业并不是他的目标,他的任务是让当前的事业发展到登峰造极的地步。他并不准备成为下一个 IBM 或惠普,相反,他希望全力以赴地成长为高效率的制造商和分销商。这就是戴尔为什么不断提高经营效率的原因。

戴尔公司已经拥有了 550 项企业经营流程方面的专利权,其范围涵盖了企业经营的方方面面,从在工厂中使用无线网络,到生产岗位的设置。麻省理工大学斯隆管理学院电子商务中心主任埃瑞克·布林约尔松说:"他们在发明企业运营流程。这是一项戴尔公司独有的资产,它的竞争对手并不具备这一点。"

附录1：戴尔企业文化

1．在发展初期，公司还处于风险颇高的阶段，所以戴尔会甄选具有高度冒险性格而变通能力很强的人。戴尔在财务、制造、信息技术等方面延聘专业人士负责，如果聘用了好的人员，他们在有所作为后会引进更多的优秀人才。

戴尔从一开始就以非常务实的方式运作。戴尔常问："完成这件事情最有效率的方式是什么？"这种作法使得员工始终处于学习的状态，如此一来，戴尔杜绝了所有产生官僚体制的可能性。

把产品卖给大企业或一般消费者，是截然不同的事。所以戴尔专门聘用了有过大企业销售经验的销售人员，其他的销售人员则专门负责联邦政府、州政府、教育机构、小公司或一般消费者。

2．在一次电脑展中，戴尔领悟到产品功能和上市时间的重要性。

3．库存流通不仅是制胜的策略，更是必要措施，它有助于抵抗原料的快速贬值，而且现金需求较少，风险较低。

4．不管在哪一个产业，都应该及早找出潜在的问题，然后尽快修正；另外，在发展的过程中要尽早让顾客参与，他们会是你们最棒的意见小组。不但要尽早倾听他们的意见，而且要仔细听。

5. 发展初期，和竞争对手比较起来，戴尔5%的获利其实偏低。但竞争对手的成长率不及戴尔。戴尔觉得，在那个阶段，戴尔比较需要的是一个成长策略，而非一个扩大利润的策略。

6. 一旦建立起明确的制度与评量方式，就能够一眼看出哪一个项目营运不佳，进而视情况需要来改变策略。

7. 要加强利润和亏损方面的管理。在要求每个营业单位都提出详细的损益表后，戴尔才明白，事实和数据在管理复杂业务方面具有非凡的价值。壮大成熟的戴尔公司成为了一家非常重视数据和损益表的公司，而数据和损益表可以说是戴尔进行所有事情的核心。

8. 能从错误中重振旗鼓，最重要的工具之一就是沟通。

9. 公司发展顺利时，没有人会思考：是什么方式让戴尔成功？为什么会成功？因为整理出成功的缘由要比分析出失败的原因来得困难。但戴尔仍然坚持让员总结成功的原因，因为这样，戴尔才能跻身全球获利最高的公司之列。

10. 戴尔以损益表为前提，与拜恩合作，对公司的营业结构作了一番分析。依照这项分析，戴尔总结出了一套评定的公式，判断业务项目的表现，并且加以比较，确认发展潜能，锁定可获利的重点，使之加速成长。一旦确定了哪些部分表现不佳，戴尔便会在得到足够的信息之后，决定该如何改进；如果确定无法改善，便评估是否要降低亏损，予以裁除。

11. 任何一家公司，若想要取得成功，最高层人员必须要学会分享权力。高层人员必须把重点放在整个组织的发展上，而非个人的权力扩张上。

12. 规模大、成长快的公司，很显然不能采用传统的功能性结构来分工，也不能完全采取分散型的管理模式。功能性结构往往会造成各部门分散运作，责任归属不明；完全分散则又成了共同基金，不再是一家公司了。所以必须既维持功能的优越性，又做到责任明确。为达到上述目标，戴尔创立了一种"双主管"制度。负责财务、人事与法律事项等职务的资深经理，要与负责某地区事务或某产品线的管理人员分担责任。

常有人说，"一军不容二帅"或"矩阵式管理法行不通"。但事实上，这种双主管制在戴尔公司实行后成效极高。而戴尔成功的关键在于权限虽然重叠，责任却很分明。管理人员必须一起督促他们所共同管理的员工，也要分摊最后的表现结果——即使在技术上那是属于他人的职责。戴尔经由正式的工作表现来评估经理人的绩效。

这其实是一种制衡的系统，权责共享不但能成就共荣的态度，鼓励合作，还能使得全公司都能分享不同的观点与创意。双主管制为全公司带来了极大的能量与热情，戴尔把所有能量化为行动，通

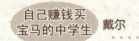

过所谓的"细分化"过程来加速成长。

13．戴尔在服务器市场的机会，无异于最初在台式电脑和笔记本电脑市场遇到的情形：经由提供低价位的高效能产品，快速建立市场占有率；同时强迫对手也降低他们服务器的价格，压缩他们的利润空间，让他们没有余力补贴其他产品的亏损。

14．大家会问戴尔："你怎么让你的员工愿意用电子邮件？"戴尔回答："很简单，你只要问他们有没有收到你用电子邮件传过去的通知就行了。"没有人希望自己漏掉信息！

15．人人各司其职，对结果负责，重视事实与数据。

16．戴尔定下规矩，所有人都必须寻找并发展自己的接班人，这是工作的一部分。这不是在准备调换新工作时才必须做的事，而是工作绩效中永久的一环。

17．如何找到确实可以成为日后领导者的人才呢？戴尔公司找的是具备学习者的质疑本质，并且随时愿意学习新事物的人。因为在戴尔成功的要素当中，很重要的一环即是挑战传统智慧，所以戴尔会征求具有开放态度和能提问思考的人。戴尔也希望找到经验与智慧均衡发展的人、在创新的过程中不怕犯错的人以及视变化为常态并且热衷于从不同角度看待问题和情况、进而提出极具新意的解决办法的人。

戴尔在面试求职人员时，第一件事就是了解他们处理信息的方法。他们能以经济的观点思考问题吗？他们对成功的定义是什么？如何与人相处？他们真的了解今日社会的商业策略吗？对戴尔的策略又知道多少？然后，戴尔几乎每次都故意大力反对他们的个人意见，原因是戴尔想知道他们是否具有强烈的质疑能力，并且愿意为自己的看法辩护。戴尔公司需要的是对自己能力有足够信心并且坚持自己信念的人，而不是觉得必须一味保持表面和谐、避免冲突的员工。

18. 当事业突飞猛进时，许多工作会衍生出附加责任，并且变得过于庞大与复杂，连最有事业心、最辛勤的人都不得不牺牲个人发展，努力完成工作。

一个让员工愈来愈难以成功的公司结构，完全没有必要固守。公司的组织结构必须有足够的弹性让员工得以发展，而非阻碍他们的发展。

以特定方式划分出不同的事业体、产品组织或功能性组织，让新细分出来的结构更易于管理，更能把重心放在商业契机上。这种做法不但能维持员工的满意程度，也能使员工和公司快速成长。

在传统的做法里，责任缩减象征着降职、不认同、失败。在其他公司，也许是依据部属人数的多寡，或为公司赚钱的多少来评估一个员工的表现。而在戴尔公司，成功的宣言是：业务成长太快，所以戴尔把你原先负责的部分减去一半。有时候，即使戴尔把团队分为两到三个新的单位，新单位却可能比原本团队在两年前的规模还大两倍。

有一个做法能有效克服员工的忧虑，那就是不但要计划未来的组织结构，也必须与整个组织沟通"未来的状况"。这样做，可以不断增加组织性的调整。而组织性的改变是一点一点进行的，不是骤然在某一天就完成的。

事实证明，及早沟通可以收到鼓励之效，因为员工可以先从个人的工作机会及事业发展中看到公司成长所带来的实质改变。

工作细分化完全与传统做法背道而驰，但其逻辑绝对合理。戴尔希望优秀人才茁壮成长，协助公司继续兴盛。戴尔认为，使员工的新工作有意义，并且更适合员工的专长，这是最好的办法。期待任何一个人变成超人，是绝对无法产生附加价值的，反倒会招致失败。

工作细分化也有助于戴尔找出自己的弱点，并形成企业的发展策略。如果戴尔不考虑进行细分，也许根本无法了解公司在财务或行销方面的不足。一旦发现了这些问题，或许便会发现戴尔没有足够人力来执行这些新的责任。就一个制衡系统的功能而言，细分化是一种非常实际的做法。

其实，细分化最大的好处是能为员工创造新的机会。当新的事业创立，虽然组织会出现新的空缺，但能鼓励员工成长。由于做了细分，戴尔确定的公司最优秀的人才不会骄纵自满或无聊怠惰，有助于与他们建立一份更长久、更充实的关系。

19. 有问题产生的时候，戴尔不需要进行额外的研究，也不用指派专人去找出议题所在，因为戴尔手边恒常拥有全部信息，可以立即集合相关的人作出决议，立即执行，过程非常迅速。尽管戴尔致力于作出正确的选择，但戴尔相信，甘冒错误的风险而抢得先机，总比作出百分之百正确的决定却比别人晚了两年要好。然而，若没有数据，不可能作出最快速最正确的决定。信息是任何竞争优势的关键。不过数据不会从天而降，你必须主动搜集。

20. 要深入了解所有事情发生的原因。

21. 提出问题，可以打开创意的大门，最终有助于提升公司的竞争力。

22. 戴尔的学习方法还包括在全公司各部门提出同样的问题，征求不同的回答，并比较其回答的异同。因为大家都在同一个团队之下运作，追求相同的目标，所以可借此让全公司各部门分享最好的理念。如果其中一个小组在中型企业市场出奇制胜、创下佳绩，戴尔便会把他们的想法传播给全世界的分公司；而另一个小组可能想出了针对大型律师事务所进行销售的方法，戴尔也会把他们所学到的经验与整个组织分享。

23. 一家公司的所有人员都以同样的方式思考，是非常危险的

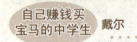

现象。

你可以鼓励公司员工以创新的方式来思考公司各方面的问题。以不同的观点来处理问题便可以创造出许多新的机会，得到新的理解或认识。而经由对公司营运的所有层面提出疑问，才可以不断地把改进与创新的成果注入到公司文化中。

24．要怎样教导别人，让他们更具创新能力呢？一个很好的方法是，要求他们以整体的概念来处理问题。戴尔一开始的做法便是请教顾客："你真正希望达成这件事情的方式是什么？可以用其他方式代替吗？"戴尔与供应商商量：能不能换一种做法？接着，戴尔会试着想出超越原来目标的截然不同的做法。

25．戴尔的公司文化不屑于只满足于现状，而总是鼓励员工去寻找突破性的新观念，让他们在公司面对大型的策略挑战时可以根据实际状况迅速提出最佳解决方案。你必须经常训练员工提问的能力，让他们学会思考，使得他们与公司一起成长。

26．如果公司的发展史就是以非传统智慧为基础的成功历程，那么更能激励员工全力以赴；而营造出能敦促员工以老板角度来思考问题的环境，就能不断激发员工产生新的另类创意，这样也赋予了员工更大的自由。

27．要鼓励员工培养创新精神，就必须让他们知道失败了也没关系。许多公司声称自己乐于见到创新的做法，也期待见到创新，但同时又告诉员工："只要别搞砸就行了。"这往往会成为员工进行创新的障碍。

28. 如果你认为现状"已经够好"，你便会以如同后视镜一般狭窄的视野来进行管理。而以现在的经济环境来看，你未来铁定会摔得粉身碎骨。为了保持竞争性，就必须不断质疑目前的所有作为。

29. "自我批判"的态度已深植戴尔公司的文化中，戴尔随时质疑自己，随时寻找改进事物的方法。戴尔试着由上至下建立起这样的行为模式，聘用具有开放观念的人员，并且把他们培育为领导者。这些人在自己犯错的时候，必须能够接受他人公开的反对或纠正。这样可以促进公开的辩论，鼓励理性的"能人治理制度"。

30. 戴尔尽量避免对自己的成就过度自傲。如果戴尔开始觉得自己功成名就，便会把自己推往他人的光芒之下。

31. 正面迎接问题，而不否认问题的存在，也不找借口搪塞。戴尔试着用这种斩钉截铁的态度去面对所有错误，坦白承认："戴尔遇到问题了，必须进行修正。"

32. 戴尔有一句口头禅是："不要粉饰太平。"这句话意思是说："不要试图把不好的事情加以美化。"事情迟早会出现，所以最好直接面对。

33. 戴尔公司不允许信息缓慢到达。由于戴尔处在分秒必争的行业里，因此必须通过会议、电子邮件和公司的内部网络进行及时的"讨论"。早上发生的事情，最迟到下午就必须作出反应。戴尔要求员工必须每时每刻都具备高度的竞争性，否则就会被对手赶超。

34. 在戴尔开放的企业文化中，大家可以尽量采取直接的渠道，得到所需的信息。如果任何人觉得只因为他是副总裁，就应该只跟其他副总裁讲话，戴尔便会打压这类想法。过度僵化的等级制度会限制信息的沟通，对谁都没有好处。等级制度不但代表速度慢，也喻示着信息流通的阻塞，它还代表着一层又一层的许可、命令及控制。

35. 信息在成形的最原始阶段，并不是以很明确清楚的完整面貌呈现的，所以公司必须鼓励信息在各阶层自由流通。戴尔如果发现任何异状，便会立刻询问任何一个可能知道事情缘由的人。反之亦然，任何员工有问题时，也会知道公司希望他能把问题提出来——通过电子邮件或在会议中提出都可以。

当然，重点不在于规避管理的责任。相反，直接的链接有助于提供更多知识，以便能以更快的速度进一步了解在实际营运中发生的状况。

36. 戴尔公司的大部分员工都拥有公司股权，这是员工认购股权计划、配股奖金还有退休计划的结果。戴尔评估了员工对公司的表现之后，不但进行现金奖励，还赠送公司的股票。不过在戴尔公司还有另外一项规定：要成为公司的老板，你必须以老板的思维来思考。当大家的思想行为都像个老板时，他们所感觉到的个人投资也就会更明显地表现在对公司的全心投入上。

要让员工以老板的思维思考，你必须提供他们所能够接受的度量方式。戴尔公司每个员工的奖励和奖金制度，都与企业的健全息息相关。而戴尔所学到的评估健全度的最好方法，就是"投资资本回报法"。

听到全公司上下热切讨论盈亏或资产负债表，或讨论和思考公司的投资资本回报，而且在决策时也以其为标准，是很有意思的事。

37. 一家所有员工都是自律的"老板"的公司，在理论上听起来好像很了不起，但如果目标不够明确，也可能会一片混乱。这套制度在戴尔公司能行得通，是因为戴尔拥有一贯的策略以及解释明确的目标：

把学习视为一种必需品，而非奢侈；

研究明确的现象，以求得隐而未现的解决方案；

如果失败可以创造学习的机会，就要乐于接受；

不断提问——即使对看起来没问题的事物也要提问；

与所有人沟通组织目标。

38. 即使员工实际上尚未拥有股权，也要把所有的员工当成老板。一旦他们真的拥有公司，他们便会开始注意整个大方向的目标。荣誉感一旦能与强烈的个人投资联系起来，便会产生神奇功效，能

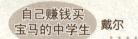
建立起更强的责任感。

39. 让你的员工拥有知识、能力及权限，可以放手去做他们最在行的事，将其带到"公司属于员工"的最高境地。戴尔发现，这个方式为公司带来的成就，超过其他任何的方法。这是戴尔的心得。

40. 戴尔公司最著名的一点，就是与顾客的亲密关系。公司初创时，这种"直接链接"让戴尔不但在众多竞争者当中鹤立鸡群，还使得戴尔有效分配资源，以提供最高科技、最新产品与最大价值。

41. 除了争取顾客和满足顾客之外，你还得一次又一次地让他们高兴，这才能建立顾客的忠诚度并维持公司发展。

42. 要抓住顾客需求及维持他们满意度的最好方法，是建立一种互惠的对话关系。你不但能知道哪些事行得通，也能明白为什么行得通。如此一来，那些耗资千万、用人无数的新的创意便可以在这些顾客中试销，还能通过他们的回馈来了解整个运作的方向是否正确。

43. 针对顾客需求来设计产品或服务方式，不只是找到顾客要什么，也不只是提供合理价格与高性能产品而已。更重要的是，要比顾客更早知道他们的需求。怎么做才能提早知道顾客的需求呢？想得到答案，你只需要开口问就行了。

44. 顾客们最在意的其实是戴尔向他们征询意见的诚意。能与制造商有直接的对话，要比被迫向别的商家购物更能提高顾客的满意度。

45．顾客回馈还能帮助你从整个市场的创意中获益。电脑业有成千上万家公司，如果某家公司有任何好的创意，消费者很快就会采用。他们会问："你们为什么不像某某公司那样做？"这是很好的学习机会。

46．没有人能独占所有的好创意，因此，学习与执行创意的速度便是关键。重点不在于你知道多少，而是能以多开放的方式和多快的速度来学习新创意。

47．与顾客建立直接关系后，除非你对他们的意见充耳不闻，否则，你一定可以得到市场上的最佳信息。

48．通过网络，戴尔提供内部发展的种种技术支援工具，顾客要求的任何服务都可以在特殊的电脑系统中取得信息。

比如说，顾客可以直接与产品制造部门连线，了解他们的订货进度如何。通过"顶级网页"，顾客也能和快递连线，确认产品是不是已经寄送出来了。

戴尔在公司的网站上增加了一种自我诊断的功能，涵盖了数百种解决问题的模式，以互动方式引导顾客解决常见问题。由于戴尔网络上技术支援的比率渐高，顾客们也逐渐由电话求援转为在网上求助。因此，戴尔的技术人员便可将注意力放在较高价值的工作上。在销售与技术支援这两方面，每五次网上服务可抵一次电话服务，

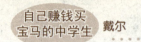

每少通一次电话，戴尔平均节省八美元。

关键是在尽可能没有品质落差的前提下，缩减服务顾客需求的时间与资源。这有两条路可行：一是建立电子信息的双向道，一是与顾客面对面沟通。

49．你应该了解不同顾客的不同需求，再试着把他们的需求纳入公司的策略。你愈能与他们建立链接，你的服务与产品就愈能被顾客采用。

50．在任何情况下，戴尔都不会出售顾客名单。有些公司在出售名单前会先取得顾客同意，戴尔的做法则非常简单：绝不出售。

51．花费时间亲自探访顾客实际营运的地点，远胜过邀请他们进入"你"的业务范围。你可以体会到他们每天在营运上所遭遇的问题和挑战，也能进一步了解他们在服务自己的顾客时你的产品所能造成的影响。

52．产品制造和发展的策略，应该基于顾客意见而调整，这概念对戴尔而言似乎是再清楚不过了。但对这个产业内的其他公司而言，看来并无太大功效。戴尔的顾客常在与戴尔谈话时告诉戴尔其他电脑公司的典型反应："谢谢你们的建议。我们现在没有办法修正，但等到下次我们修正产品时，会试着做到这些。"而这一等，通常就是一两年。相反的，戴尔几乎是立即回应这些建议，并把它融入到戴尔的策略当中。

53．产品和服务变得更有价值。这代表戴尔不再只是顾客的个人电脑供应者，而是成为了顾客的信息工程小组的一部分。

54．理论上，一些很棒的创意并不值得去追求，因为顾客不感兴趣。

55．戴尔当然会犯错，也犯过不少错。但是，当戴尔犯下任何错误时，至少可以因为戴尔的顾客反应比较迅速，能因快速修正而得到好处。戴尔通常不会让自己所发现的问题造成公司更大的损失。

56．戴尔也会尝试以下的做法：着眼于整体大局；以顾客所提供的建议来经营公司；永远提前想到结果；要扮演顾问的角色；以学生的姿态面对别人。

57．与较少供应商建立较紧密的关系，是降低成本和更进一步加速产品问世的绝佳办法。

58．戴尔向地区性供应商说明："戴尔有全球性的业务，也希望你们能成为全球性的供应商，供货给戴尔全世界的工厂。但要做到这样，你们必须能生产出足以服务全球戴尔公司的产品。"

59．一旦你与全球性的供应商合作，那么在不同国家或地区，由于对服务和品质的期待不同所造成的不一致就会大幅消失。这种简化的过程减少了内部的迷惑，缩短了生产程序的时间，也为顾客降低了成本。

60．为了打造和供应商的强势联盟，务必做到以下几点：

开发专家的才能，加以投资。公司应该想办法为顾客和股东创造最大价值，至于其他部分，就去找杰出的合作对象，由他们来负责。

保持单纯。供应商的数目愈少，代表错误愈少、成本愈低、困惑愈少，而一致性愈高。

维系亲密的友谊和更紧密的供应关系。把供应商导入自己的业务体系，是虚拟整合的标志。若能保持与他们在地理上或联络上的紧密关系，会引导出更好的服务、升级的沟通、较低的成本以及更快的问世速度。

为双方共同的成功做投资。

保持明确而客观的态度。在合作关系中，必须制定出公司的品质标准和瑕疵容忍度，明确且巨细，并且贯彻执行。使用具体的衡量标准，以判断供应商在达到标准和自我评价的制衡系统上表现如何。

61. 当了解减少存货的重要性之后，首要任务便是让供应商摆脱以往只考虑要运送多少存货的观念。要反过来鼓励他们思考，从他们的生产线，经过自己的制造线，再到上市销售，这整个流程的速度该多快。简单地说，焦点必须由"依计划来购买"改变为"依（实际顾客）订货量来决定存货量"。传统上依供给来决定需求的模式，必须改变为依需求来决定供给量。关键在于要让供应商取得他们需要的正确信息，帮助他们作决定。要做到这点，必须与供应商无私地分享你公司的策略与目标，"以信息代替存货"。

62．由于戴尔的制造量是依顾客需求而定的，前置期通常在五天以内。戴尔手边现有的原料只有几天的存货量，有的甚至只有几小时的存货量。戴尔与供应商保持经常性的沟通，让他们知道戴尔的存货状况与补货需求；与有些厂商甚至几小时就联络一次，让他们精确知道戴尔的需要。

63．戴尔不只是注意提高存货流通的速度，也会向价值链的下游发展，帮助供应商提高他们的速率。

64．确实了解了价值从何而来、如何取得，才能正确判断何时是与他人结盟的最好时机，自己又该在何时投入。

65．由于戴尔与顾客关系紧密，供应商能获知其他渠道很难取得的信息。

66．如果你与供应商成为科技合作伙伴，对他们的设计提供有意义的意见，你们便能建立强而有力的关系。要达成以上目标的做法如下：不可低估信息的价值；与决策者直接沟通；反转供需的模式；立即思考；研究开发经费要用得其所；连上因特网。

67．自从戴尔公司成为电脑产业里认真争取市场占有率的重量级战士之后，很多人都问戴尔，如何处理竞争局面？对此问题，戴尔简单的回答是："当你只拥有个位数的市场占有率，而竞争对象都是大哥级的人物时，你只能尽量做到与众不同，否则你会任人宰割。"

68．许多公司都太在意竞争对手的作为，因而受牵制；花太多时间在别人身后努力追赶，却没时间往前看。把全部精力拿来注意竞争对手的作为，只会忽略自己的最大竞争优势，也就是顾客。今日成功的公司，或希望能在明日制胜的公司，是那些最了解顾客需求的公司。

69．要想在任何产业中攻无不克，首先必须了解其基本的经济结构，以觅得新的顾客、产品和服务。如果要创业，而把经济状况留到最后才考虑，一定发展不出不可或缺的顾客，也提不出正确的产品策略。戴尔把这些成功要素定义为市场占有率的成长（或说收入）、获利率、资产流动性（或说资金流通）。

70．其他人以为是缺点的地方，往往是利润所在。

71．对于戴尔公司的许多人员来说，戴尔关于执行方式的领悟来自于公司草创初期举办的"顾客权益推广会议"。在这些会议中，销售人员成为他们顾客的"权益说客"；而这些顾客经由与公司内不同部门的众多员工分享议题，与戴尔公司产生关联。

72．要考虑现存的所有变数，包括顾客购买行为、科技、当前竞争状况、潜在竞争对手等的改变，而最根本的考虑是能不能以不一样的方式运作。

73．强化自己的竞争极限的方法：想着顾客，而非顾着竞争；维持一种健康程度的紧迫感和危机意识；把对手最大的长处转变为缺点；见机行事，保持快速；当一个猎人，而不是猎物。

74. 戴尔认为库存价值已被信息价值取代，实体资产也已由智慧资产取而代之。任何一家小公司，都可以备有个人电脑、连上网络，从而具备如同大企业一般的营运工具。

75. 以下各项战略，在很多方面造就了戴尔的成功。若以这些战略为基础，也能为你带来网络经济之中的成功。

（1）期待改变，并且预作计划。

（2）发展因特网。

（3）重定事情的优先顺序。

（4）刻意追求成长。

（5）以虚拟方式整合业务。

附录 2：戴尔公司发展史

1984 年，迈克尔·戴尔创立戴尔计算机公司。

1985 年，戴尔推出首台自行设计的个人电脑——Turbo。

1987 年，戴尔公司成立首家提供下一工作日上门进行产品服务的计算机系统公司，在英国设立办事处，开始拓展国际市场。

1988 年，戴尔公司正式上市，首次公开发行 350 万新股，每股作价 8.5 美元。

1989 年，戴尔推出首部戴尔笔记本电脑。

1990 年，戴尔在爱尔兰 Limerick 建立生产厂房，以供应欧洲、中东及非洲市场。

1992 年，戴尔首次被《财富》杂志评为全球五百强企业。

1993 年，戴尔成为全球五大计算机系统制造商之一，在澳大利亚和日本设立办事处，正式进军亚太市场。

1995 年，最初售价 8.5 美元的戴尔股票在分拆前已升至 100 美元。

1996 年，戴尔在马来西亚槟城开设亚太区生产中心，开始通过网站 www. dell. com 销售戴尔计算机产品，开始主攻网络服务器市场，成为标准普尔 500 指数成分股之一。

1997 年，第 1 000 万台戴尔电脑下线，普通股在分拆前每股升至 1 000 美元；推出首台戴尔工作站系统；网上营业额由年初的每天 100 万美元，跃升至逾 400 万美元。

1998 年，戴尔扩建了在美国及欧洲的生产厂房，并在中国厦门开设了生产及客户服务中心，推出 Power Vault 储存系统产品。

1999 年，戴尔在美国田纳西州那什维尔增设办事处，拓展美洲业务；在巴西 Eldorado do Sul 开设生产工厂，满足拉丁美洲市场需求；推出 "E-Support—Direct from Dell" 网上技术支持服务。

2000 年，戴尔网上营业额达到每天 5 000 万美元，按工作站付运量计算，戴尔首次名列全球榜首。推出 Power App 应用服务器，第 100 万台戴尔 Power Edge 服务器下线。

2001 年，戴尔首次成为全球市场占有率最高的计算机厂商，按标准英特尔架构服务器付运量计算，戴尔在美国位居第一，推出 Power Connect 网络交换机。

2002 年，戴尔将其奥斯汀工业园区命名为 "Topfer 制造中心"，以赞扬 Mort Topfer 在 1994 年至 2002 年的任期内对戴尔和社会的贡献；戴尔推出首个 "刀片式" 服务器，推出 AxImX5，进入手持设备市场；在美国针对零售业客户推出基于标准的收款机；推出 3100MP

投影仪，进入投影仪市场；戴尔售出第 200 万台 Power Connect 网络交换机，美国客户把戴尔当作他们首选的计算机系统供应商。

2003 年，戴尔面向企业用户和个人用户推出打印机；戴尔推出戴尔回收计划，使客户能够将任何厂商的计算机设备回收或者捐赠给慈善机构；正式更名为戴尔公司，反映了公司已经发展成为技术产品和服务的多元化提供商；戴尔进入家电市场，公司产品线的延伸为客户需求提供了一站式解决方案。

2004 年，凯文·罗林斯成为戴尔首席执行官，戴尔宣布在北卡罗来纳建立美国第三家工厂。

2005 年，戴尔被《财富杂志》评为"美国最受赞赏企业"，位于北卡罗来纳州的美国第三家工厂开幕。

2006 年，戴尔历史上首次季度出货量突破 1 000 万台。

2010 年，戴尔正式宣布，将在成都建立旗舰基地，以支持中国西部地区业务的快速增长。

2011 年，戴尔宣布完成了对高性能数据中心网络领先生产商 Forcelo Network 的收购。